Paul Ernst Rattelmüller

Matthäus Klostermaier
vulgo Der Bayrische Hiasl

Paul Ernst Rattelmüller

Matthäus Klostermaier
vulgo Der Bayrische Hiasl

Bruckmann München

Titelbild:
Der Bayrische Hiasl und seine Bande. Ausschnitt aus einer Radierung von Johann Martin Will (1727 Augsburg – Augsburg 1806).
Von links nach rechts zwischen den beiden Soldaten der Bayrische Hiasl und der Bua, nach rechts sechs seiner Spießgesellen.
Im Besitz des Germanischen Nationalmuseums, Nürnberg

Gesamtherstellung:
F. Bruckmann KG, Graphische Kunstanstalten, München
Verlagsnummer ISBN 3 7654 1431 X
Printed in Germany

Inhalt

Von der Gattung gemeiner Wilddiebe aber gehet er auf eine sehr merkliche Art ab ...

Es ist schon eigenartig: Ein bewunderter Wildschütz zuerst, ein handfester Räuber dann, am Ende gar ein gefürchteter Räuberhauptmann, so ist ein Häuslersbub, der um die Mitte des 18. Jahrhunderts gelebt hat und von sich reden gemacht hat, noch heute in Schwaben und Altbayern ein Begriff. Das kann man zunächst eigentlich gar nicht verstehen; aber noch weniger zu verstehen ist, daß dieser Ruf über die altbayerischen schwäbischen Lande weit hinausreicht, besonders weit hinein in den alpenländisch-österreichischen Raum. Dort werden Lieder über den Bayrischen Hiasl noch heute gesungen.

Nun wollen wir hier keine wissenschaftliche Arbeit über den Bayrischen Hiasl veröffentlichen, eine Arbeit mit hundert Fußnoten und Fußangeln, wir wollen nicht werten und nicht deuten, wir wollen vielmehr ihn und seine Zeit schildern. Viele unserer Landsleute wissen zwar, daß es ihn gegeben hat, daß er eine historische Figur ist, aber wer weiß schon etwas über ihn selbst, über sein Leben und Tun, über seine Schandtaten, über sein elendes Ende? Dabei gibt es eine Fülle von Schriften, kleinen Heftln, die vor allem im 19. Jahrhundert auf Jahrmärkten, in Kramereien verkauft worden sind, oder in Schreibwarengeschäften, Heftln, die der Hausierer in die Märkte und Dörfer getragen, in die Bauernhäuser gebracht hat. Sie sind fast ausnahmslos eine eigentümliche Mischung von Sage, Legende und Wahrheit. Nur wenige nehmen davon Kenntnis, daß der Name Hiasl von Matthäus kommt und nicht von Matthias, und noch weniger befassen sich mit dem Matthäus Klostermaier vulgo dem Bayrischen Hiasl gewissenhaft. Nur einzelne dieser Biographien machen eine Ausnahme. Zu ihnen gehört beispielsweise auch die, aus der die folgenden Zitate entnommen sind.

»Man hat keinen Mangel an Diebs- und Räubergeschichten: und wenn man gegenwärtige von dem sogenannten Bayrischen Hiesel überhaupt ansehen und unter dieselbe rechnen wollte, so könnte vielleicht die Ausgabe derselben überflüssig scheinen. Allein, wenn man sich die Mühe nimmt, folgende Blätter durchzugehen, so wird es sich bald zei-

gen, daß er unter die Sorte gewöhnlicher Diebe und Räuber nicht gehöre, und auch unter den gemeinen Wildschützen selber, so wie sie in verschiedenen Ländern bekannt sind, eine besondere Figur mache . . .«

So beginnt der erste Verfasser einer Hiaslbiographie, die ein Jahr nach dem Tod des berüchtigten »Helden« 1772 »*bey Jakob Andreas Friedrich*« in »*Augspurg, Frankfurt und Leipzig*« erschienen ist, sein Buch. Und er fährt weiter:

». . . denn von der ersten Art, der Diebe und Räuber nämlich, unterscheidet er sich hierinne, daß sein und seines Anhanges einziges Dichten und Trachten nicht eben, wie anderer gemeinen Diebe, auf Diebstähle und gewaltsame Einbrüche hauptsächlich gegangen. Die Straßenraube aber, die ihm zur Last gelegt worden, hat er nicht in dieser Meynung, sonder sie als eine gewisse Art Beute, die er quasi jure belli seinen Todfeinden in offener Schlacht abgenommen, angesehen wissen wollen. Von der anderen Gattung gemeiner Wilddiebe aber gehet er darinnen auf eine sehr merkliche Art ab, daß er nicht, wie dieselbe, seine verbottene Nahrung verstohlen, furchtsam und im Kleinen getrieben; sondern daß er seinen Frevel auf eine bisher unerhörte Art öffentlich mit dem größten Trotze geübet, und sich mehr mit Drohungen der Gegengewalt und wirklicher Gewaltthätigkeit gegen die ihm gemachte Nachstellungen vertheidiget, als seine Sicherheit, wie andere Missethäter pflegen, im Verbergen, Fliehen und heimlichen Griffen gesuchet. Man weiß in unserer Gegend zur Genüge, wie frech er sich an öffentlichen Orten gezeiget, wie man auf das Gerücht seines Daseyns haufenweis zugegangen und zugefahren, um diesen Trotzer einer ganzen Landschaft zu beschauen und zu bewundern. Mithin glaubt man nicht unrecht gethan zu haben, die Lebens- und Todes-Umstände dieses auf eine zwar unrühmliche Art berühmten Menschen der Welt vor Augen zu legen, wenn es auch zu weiter nichts dienen sollte, als daraus zu ersehen, was vor wunderbare Charaktere und Geister sogar in den Bauernhütten erzeuget und gebohren werden. Wie weit er es mit seiner Rotte getrieben, und wie lange er sich, aller auf ihn gemachten Anstalten ungeachtet, erhalten, werden folgende Blätter mit mehrerem zeigen: übrigens aber ist es gewiß, daß große Revolutionen und Staatsveränderungen oft keinen wichtigern Anfang gehabt haben.«

So könnte man, dem Sinn nach, jedenfalls zweihundert Jahre später ein Buch über den Bayrischen Hiasl auch einleiten. Auf dem Titel des alten Büchleins ist zwar vermerkt, daß diese Schilderung vom »*Leben und Ende des berüchtigten Anführers einer Wildschützenbande . . . aus gerichtlichen Urkunden gezogen«*, daß es somit kreditwürdig und zuverlässig sei, aber aus dem Vorwort läßt sich andererseits auch eine scheue Achtung herauslesen. Nun, diese Achtung bis Hochachtung hat sich ja bis in unsere Tage erhalten.

Das Volk hat seit eh und je einen Helden in ihm gesehen. Nicht umsonst hat es Lieder auf ihn gesungen.

»Der Hiasl, der führt ins,
der Kurfürst verliert ins.
Machts koane Schnitz,
frei is der Schütz . . .«

Und so manche Strophe erklärt uns auch den Grund dieser Verehrung.

»Und frei san die Hirschn
und frei is as Pirschn
und frei is da Schitz,
machts koane Schnitz . . .«

So frei ist aber in jenen Jahren weder das Pirschen, schon gleich gar nicht sind es »de Hirschn«. Aber hier ist nun einer, der sich diese Freiheit einfach nimmt, der die Hirschen zu seinem Eigentum erklärt und nicht lange frägt, ob er sie schießen darf oder nicht.

»Das Wild auf freier Erde
is freies Eigentum.
Drum laß i mi net hindern,
denn wer's net schiaßt waar dumm.«

Die Jagd ist für ihn – viele Bauern glauben das damals – ein Recht, das ihnen von Haus aus zusteht, das ihnen eigentlich nur genommen worden ist. Wenn Rotwild in die Getreidefelder einbricht, dann dürfen sie es mit Klappern und Scheuchen vertreiben, im höchsten Fall mit Holzprügeln, schießen dürfen sie es nicht. Ganz abgesehen davon, daß ein Bauer keine Waffe besitzen darf. Im Schwäbischen drüben haben Bauern nicht einmal das Recht, ihre Felder mit spitzen Zäunen einzufrieden, denn das Wild könnte sich daran verletzen. Und wird dann bei großen kurfürstlichen Jagden, Parforcejagden, endlich das Rotwild doch gejagt, dann ist der Flurschaden gar noch größer. Das kann man sich gut vorstellen, wenn man weiß, daß bei einer einzigen kurfürstlichen Jagd bis zu 1300 Mann und 190 Pferde aufgeboten werden, und wer kümmert sich bei einem so modisch-mörderischen Spektakel schon um verwüstete Felder.

Und da kommt nun auf einmal einer, der kurfürstliche Erlasse hin, kurfürstliche Verbote her, kurzerhand auf all das pfeift; der Rudel von Rotwild sieht und sich herausschießt, was ihn freut. Daß den Bauern das unerhört imponiert, daß sie in ihm fast einen fünfzehnten Nothelfer sehen, daß sie ihm helfen, Unterschlupf geben, seinen Kundschaftern Lebensmittel zustecken, braucht einen da nicht zu wundern. Dabei läßt er sich auch nicht lumpen und so mancher Hirsch wandert in die Kochtöpfe der Bauern. Das alles trägt dem Matthäus Klostermaier die Sympathie der Bauern ein. Sie sind begeistert von diesem Wildschützen, der im Land herumknallt, als ob es keine Jagdherrn und keine Jäger gäbe und sie könnten fast darüber vergessen, daß sie für diese Jagdherrn Hunde halten, die sie füttern und pflegen müssen.

»*. . . Jeder Bauer muß einen großen Fanghund, jeder Gütler und Leerhäusler einen kleinen Jagdhund wohlgefüttert erhalten. Jede Nachlässigkeit hierbei wird mit einem Pfund Pfennige bestraft, das auch unnachsichtlich eingetrieben wird.*«

Und wehe, wenn einer ihrer Hunde jagt und dabei erwischt wird, wehe, wehe! Schließlich sind sie ja verpflichtet, ihren eigenen Hunden schuhlange Prügel anzuhängen, damit sie nicht jagen können.

Wenn man um all diese Dinge weiß, dann braucht man sich nicht zu wundern, daß die Bauern damals im Bayrischen Hiasl ihren Wohltäter sehen, daß dies sogar soweit geht, daß sie sich gar geehrt fühlen, wenn er als Gast bei Kindstaufen, Hochzeiten und an Kirchweih zu ihnen kommt. Hoch lassen sie ihn leben, willkommen heißen sie ihn; sie rechnen es sich zur hohen Ehre an, wenn er in ihr Dorf kommt.

Diese Begeisterung der Bauern treibt den Klostermaier Matthäus weiter auf seiner verhängnisvollen Bahn. Franz Weichenmayr hat einmal geschrieben, » *. . . auf einmal ist sein ungesetzliches Treiben auf eine – wenn auch etwas fatale – moralische Weise gerechtfertigt. Er handelt nicht mehr auf eigene Faust, sondern in höherem Auftrag sozusagen, im Auftrag des Volkes, das ihn anerkennt, ihm recht gibt und ihn quasi auf den längst entfallenen Schild hebt. Und mit ihm und seiner Sache ist fortan das Recht. Wenn auch das alte . . .*«

Sicher, nicht überall begegnet man dem Bayrischen Hiasl mit Wohlwollen und Verehrung. Im allgemeinen verehren ihn die Bauern, verurteilt ihn die hohe Obrigkeit. Im bürgerlichen Lager scheiden sich die Geister.

So widmet ihm nach seiner Hinrichtung der »Churfürstliche Hofpoet« Mathias Etenhueber »*Moralische Gedanken*«, ein langes Gedicht, in dem es einmal heißt:

»*Kein Haus war auf dem Land, kein Haus fast in der Stadt,*
Wo nicht der Hiesel stund auf einem Kupfer-Blat ...«

Das geistliche Ratskollegium zu München protestiert 1796 beim Kurfürsten Carl Theodor gegen den Hiasl-Kult.

Zu der Zeit, als er noch sein Unwesen treibt und von den Bauern bejubelt wird, schreibt die Amtshauptmannschaft zu Friedberg verärgert: »*Als ain gefirchteten Zuehelter der Wildschützen, solchem nit beyzukommen meglich ist, obzwaren er ain ofen Spot und Schabernak mit denen kurfürstlichen Jagern und Schergen allzeyt sich zue treiben erfrechet, item ain Plag ist aller Obrigkeit ...*«

Und der bischöflichen, »der Hochfürstlich-Augsburgischen Regierung« ist er natürlich erst recht ein Dorn im Auge. Er ist ein kapitaler Malefikant, dem man gut fünfzig schwere Delikte aufrechnet, »*als da sind nach gerichtlichem und gütlichem Bekenntnis, auch hierüber eingenommenen eidlichen Erfahrungen; vielfältige Wilddiebereien, öffentliche Gewalttaten, Landfriedensbrüche, Räubereien und vorsätzliche Totschläge ...*«

Aber die geistliche wie die weltliche Obrigkeit ist machtlos, zuerst machtlos gegen ihn und als sie ihn dann endlich zur Strecke gebracht hat machtlos gegen die Stimmung im Volk. Kurz nach seiner Hinrichtung entsteht ein Flugblatt, auf dem es heißt:

»*Feyrt, Schwaben, feyrt ein Freudenfest*
und dankt dem lieben Gott!
Der Hiasl, diese Wälder-Pest
ist endlich einmal tot.«

Aber das Volk hört auf solche Töne nicht, es singt viel lieber:

»*Da wird sichs Wild vermehr'n*
und springa kreuzwohl auf,
und d'Bauern, de wern ruafa:
Geh Hiasl, steh doch auf!«

Kleine Druckereien und Verleger nützen diese Stimmung fürs Geschäft, so daß der bayerische Historiker Karl Theodor Heigel an die hundert Jahre später nur fassungs- und verständnislos sein gelehrtes Haupt schütteln und schreiben kann: *»Nicht weniger denn sieben volkstümliche Biographien schildern den ›berühmten Räuberhauptmann‹ Matthias Klostermeyer. Wie konnte ein brutaler Wegelagerer zu solcher Celebrität gelangen?«* Dabei ist noch nicht einmal sicher, daß der Herr Professor Heigel auch alle einschlägigen Schriften in die Hand bekommen hat.

Bei den Bauern mag ja die Welle der Begeisterung im Lauf der Zeit in nackte Angst umgeschlagen sein, aber eine gewisse Verehrung ist geblieben; die Verklärung ist im Lauf der Zeit dann noch dazugekommen.

Der gebildete Bürger, der literarisch beflissene Adel mag in seiner Gestalt den edlen Räuber sehen, vergleichbar dem Karl Moor in Schillers Räubern. Und was der Karl Moor auf den Brettern des Hoftheaters ist, das wird eben der Bayrische Hiasl auf der Dorfbühne im Saal beim Oberen Wirt.

Wieweit das Renommee des Matthäus Klostermaier, vulgo des Bayrischen Hiasl, schon damals reicht, mag man an den Liedern ermessen, die von ihm noch heute gesungen werden, in Oberbayern, im Salzburgischen, in Kärnten, der Steiermark und Oberösterreich.

Es ist nicht Aufgabe dieses Buches, das psychologisch-historische Phänomen – Verehrung hier, Verbrechen dort –, zu klären, es soll vielmehr die Geschichte des Matthäus Klostermaier erzählen, dessen Name über zweihundert Jahre hinweg bis in unsere Tage ein Begriff geblieben ist.

Eines aber wollen wir, ehe wir von ihm berichten, doch noch sagen: Wie kommt er zu dem Bei- und Ehrennamen »Bayrischer Hiasl«? Der Lech ist die alte Grenze des Herzogtums Bayern zu Schwaben. Auf der altbayerischen Seite in Kissing ist er geboren und vor allem im Schwäbischen drüben hat er sein Unwesen getrieben. Für die Schwaben war er also einer aus dem Bayrischen und sie haben ihn deshalb den »Bayrischen Hiasl« genannt.

Aufn Berg, da kraxl i aufi wia da Vogl aufn Bam.
Den Jaga möcht i kenna, der mir nachikaam.

Nicht wie in alten Büchern häufig behauptet 1738, sondern am 3. September 1736 wird der Bayrische Hiasl in Kissing geboren, im Haus Nummer 30, einem kleinen Häusl, das man ehedem zum »Brentan« geheißen hat. Ein Herrgottschnitzer namens Brentan, wohl ein Italiener, soll einst in diesem Haus gewohnt haben.

Im übrigen erzählt das Kirchenbuch, daß der Bayrische Hiasl gar nicht auf den Namen Matthias getauft ist, sondern auf den des heiligen Apostels Matthäus. Sein Vater Michael Klostermaier, seines Zeichens Taglöhner und Viehhirt, heiratet 1733. Seine Mutter Elisabeth schenkt fünf Kindern das Leben. Er ist der Älteste. 1738 wird seine Schwester Veronika geboren, sie stirbt allerdings bald nach der Geburt. 1741 kommt sein Bruder Willibald zur Welt, 1743 und 1745 seine Schwestern Maria und Regina.

Im alten Kissing gibt es bereits eine kleine Schule und der Lehrer und Mesner Dosch bemüht sich, dem kleinen Matthäus die Grundbegriffe des ABC und der Christenlehre beizubringen. Als der Lehrer Johann Nepomuk Nöggler aus Kissing 1866 seine Geschichte des Bayrischen Hiasl herausgibt, kann er noch auf so manche Überlieferung zurückgreifen, gibt es Bauersleute im Dorf, deren Eltern die Geschwister persönlich gekannt haben. »*... Er faßte alles schnell, und da auch an seinem Betragen nichts zu tadeln war, so erwarb er sich allseitige Zufriedenheit und Zuneigung. Rühmlich war es ferner von seinen Eltern, daß sie ihn auch außer den Schulstunden ebenso streng zum Spinnen sowie zu leichten ländlichen Arbeiten anhielten und ihn auf solche Weise sorgfältig dem Müßiggange entzogen.*«

Seinen ersten Dienstplatz findet er im nahen Gut Mergenthau bei den Jesuiten. Er dürfte damals kaum älter als elf Jahre sein. Aber schon aus dieser Zeit erzählt man sich im Volk Geschichten. Sind sie Sage? Sind sie wahr? Sie wissen jedenfalls von dem Mut, aber auch von dem Übermut des Buben zu berichten, dem kein Baum zu hoch ist, der beim Ringen Burschen, die einen guten Kopf größer sind als er, aufs Kreuz legt, der angeblich den Lech sogar bei schäumendem

Hochwasser durchschwimmt, hin und zurück. Gefahren müssen damals schon ihren prickelnden Reiz auf ihn ausgeübt haben. Jedenfalls hat sich folgende Geschichte erhalten: Er muß die Schweine hüten, und bei dieser Herde ist ein ausgewachsener Saubär, ein riesengroßer, bösartiger Eber, vor dem er eigens gewarnt wird. Aber er lacht nur und verkündet laut, daß er einen solchen Saubären noch lange nicht fürchte. Um zu beweisen, daß er ihn tatsächlich nicht scheut, springt er, als er die Herde heimtreiben soll, diesem Trumm Vieh auf den Rücken. Der Eber fährt herum wie der Blitz, dreht sich schäumend und bös grunzend ein paarmal um sich selbst, will mit seinen mächtigen Hauern nach dem Hiasl schlagen, will diesen lästigen Reiter abschütteln. Aber der kann sich halten. Und der riesige Eber rennt wie besessen in Richtung Mergenthau, hinter ihm aufgeregt die Herde. Als der Eber wütend an einer jungen Linde vorbei auf das Schloßtor zustürmt, läßt sich der Bub heruntergleiten und klettert wie ein Eichkatzl auf den Baum. Der Eber kehrt blitzartig um, wühlt rasend den Boden um den Baum auf, und die Gutsknechte haben ihre liebe Not, das wütende Tier einzufangen und in den Stall zu jagen.

Und da es zum Lebenslauf eines jeden »Volkshelden« gehört, stark, übermenschlich stark zu sein, so erzählt man sich auch vom Hiasl, daß er seine Kräfte an jungen Stieren messe, daß er Hunde auf sich hetzen lasse, um sie zu bändigen, und daß er einer der besten Tänzer dieser Gegend sei. Im Jahr 1858 stirbt in Mering eine Frau im Alter von 104 Jahren und sie hat immer stolz von dem großen Erlebnis ihrer Jugend erzählt, von der Stunde, als alle Mädchen im Wirtshaus neidisch auf sie geschaut haben, weil der Hiasl mit ihr getanzt hat. Gut habe er getanzt, so gut wie sonst leicht keiner, und ein großer, schöner Mensch sei er gewesen, an die sechs Schuh groß, das sind gut ein Meter und achtzig.

Klostermaier bleibt zunächst nur wenige Jahre in Mergenthau, kehrt nach Kissing zurück, hilft seinem Vater und geht dem Jäger im Dorf zur Hand, denn er möchte selbst einmal Jäger werden. Der Jäger Bernhard Wörsching nimmt ihn auf die Jagd mit, läßt ihn hin und wieder sogar einmal schießen, lernt ihn im Herbst zum Vogelfang an. Damals werden Krammetsvögel und Lerchen mit Netzen gejagt und nach Tausenden und aber Tausenden gefangen. Dabei verdient er sich auch seine Kreuzer, für jeden Krammetsvogel zwei.

Es ist das altbayerische Blut in ihm, das ihn zum Jagern treibt. Er möchte, wie so viele seiner Landsleute, auch nach außen hin Jäger sein, oder wenigstens Jäger spielen. Gerade deswegen läßt er seinen Rock aus grünem Tuch schneidern wie ein zünftiger Jäger, gerade deshalb möchte er sich selber ein Gewehr anschaffen. In Friedberg ist ein alter Schütz gestorben und aus dessen Nachlaß kann er einen Stutzen kaufen. Der Schreinermeister Ulrich Settele in Kissing muß ihn neu schäften. Dieses Gewehr soll ihn sein Leben lang begleiten, es findet am Ende gar noch einen Ehrenplatz im Bayerischen Nationalmuseum. Mit diesem Stutzen hat der Hiasl sicher nicht nur auf Scheiben geschossen. In den alten Volksbüchern heißt es, er habe schon in jungen Jahren gewildert. Möglich ist das schon, denn das Rotwild hält sich in Rudeln auf dem Lechfeld; erwiesen aber ist nur eine Geschichte; was heißt schon erwiesen, das Volk erzählt sie halt.

Es ist Herbst, der junge Hiasl ist auf Vogelfang, aber er führt trotzdem seinen Stutzen mit. Da erscheint mit einem Rudel Rotwild ein kapitaler Hirsch, gar noch auf Schußweite. Der Hiasl schüttet Pulver auf die Pfanne, zieht hoch, läßt es schnall'n, und der Hirsch bricht im Feuer zusammen. Ein sauberer Blattschuß. Diese Geschichte soll er oft erzählt haben. Seine Freude sei zwar groß gewesen, habe er immer gesagt, aber die Enttäuschung um so größer, denn der Hirsch war für den jungen Burschen viel zu schwer. Unbemerkt fortschleppen? Unmöglich! Dem Jäger Wörsching mag er es nicht sagen, seinem Vater erst recht nicht, der ist viel zu streng und der würde ihm was erzählen. So nimmt er sein Waidmesser, zieht dem Hirschen die Decke ab, schlägt ihm die Hirnschale mit dem Geweih vom Grind, geht nach Einbruch der Dunkelheit nach Mering, um heimlich beides zu Geld zu machen. Wohl ist ihm dabei nicht und er hat doch noch so viel Gewissen, daß man ihm das anmerkt, gerade seine Mutter spürt, daß etwas nicht stimmt. Sie frägt ihn, lügen kann er nicht und so erzählt er ihr die Geschichte. Dadurch erfährt natürlich der Vater auch davon. Der blast ihm einen rechten Landler, eine beachtliche Watsch'n soll er ihm auch gegeben haben, dann aber besinnt er sich. Mit dem Jäger mag er es nicht verderben und deshalb geht er, nachdem der Hiasl hoch und heilig versprochen hat, ihm nie mehr einen solchen Verdruß zu bereiten, mit ihm hinunter an den Lech, zerschlägt das Fleisch in viele Stücke und wirft sie in den Fluß.

Sechzehn Jahre ist er alt, als die Mutter stirbt. Diese Frau fehlt sehr in der Familie, die Geschwister sind noch klein, der Verdienst ist mager. Da wird der alte Jäger Wörsching krank, mühselig geht er zunächst ins Revier, aber dann zwingt ihn sein Fußleiden, ganz daheim zu bleiben und so wird ihm der junge Klostermaier als Jagdgehilfe beigegeben. Zudem ist Seine Gestrengen, der Herr Patrimonialrichter, selbst ein leidenschaftlicher Jäger, mit ihm muß der junge Jagdgehilfe oft auf die Pirsch gehen, von ihm erhält er manchmal auch Trinkgeld, und wenn es auch nicht allzu üppig ausgefallen sein mag, daheim tut jeder Kreuzer gut. Der Herr Patrimonialrichter findet so viel Gefallen an dem jungen Burschen, daß dieser auf seine Anordnung hin Anfang August 1753 im Gut Mergenthau erneut angestellt wird.

Hier bekommt er zunächst nur den Gehalt eines einfachen Knechts, aber die Aufgaben, die man ihm überträgt, haben wenig mit einem Knechtsleben zu tun, sie sind vielmehr ganz nach seinem Geschmack. Er erhält die Jagd- und Waldaufsicht im nördlichen und östlichen Jagdrevier, dazu die Überwachung aller Fischwasser in diesem Gebiet. Mit dem jungen Gutsverwalter Jakob Schmilz – »Einkäufer« hat man damals so einen Verwalter geheißen – verträgt er sich sehr gut, und als im Herbst die Patres Jesuiten in die Vakanz kommen, muß er sie auf die Jagd führen. Daß ein geistlicher Herr auf die Jagd geht, ist in jener Zeit eine Selbstverständlichkeit und sie bleibt es bis weit ins 19. Jahrhundert. Für die Patres legt er die Jagden an, er liefert ihnen tagtäglich Beweise seiner Kunstfertigkeit im Schießen, er ist lustig und fröhlich und wird damit, fast möchte man sagen, zum Liebling der Ordensmänner. Das trägt auch etwas ein, ansehnliche Trinkgelder nämlich und was wichtiger ist, den doppelten Lohn.

Als der Lehrer von Kissing, Johann Nepomuk Nöggler, seine Hiasl-Biographie schreibt, berichten ihm die alten Kissinger, die Mutter und der Vater hätten schon erzählt, daß der Hiasl im Umgang mit den hochwürdigen Herren feine Manieren gelernt habe. Und er fühlt sich ja auch wohl hier und ist glücklich und zufrieden.

Aber eines Tages beginnt im Gut Mergenthau sein Stern zu sinken. In den meisten Büchern heißt es, er sei mit seiner Obrigkeit in Konflikt geraten, weil er halt nicht nur für sie Wildbret geschossen habe, sondern auch ... nun ja, das sagen die einen. Die Kissinger wissen eine schönere Geschichte zu erzählen:

» ... *Unter den Jesuiten befand sich nämlich ein alter, der Jagd leidenschaftlich ergebener Pater, der aber ein äußerst schlechter Schütze war und daher vor Freude immer in lauten Jubel ausbrach, wenn er zufällig einen glücklichen Schuß machte. Er war... ein sehr lebensfroher Priester, der noch besonders durch seine Gestikulationen, Gesichtsverzerrungen und lächerlichen Stellungen stets große Heiterkeit erregte,*

Ich bin kein Jäger nicht, doch dient mir jeder Wald
So wohl zum freÿungs Ort, als meinen aufenthalt.
Wer mich zufangen denckt, der mag sich wohl besiñen,
Dem Bajrschen Hiesl wird er nicht viel abgewinnen.
Das Wild ist meine freud, das schüssen meine lust,
Ein gutes Hemd darzu, und eine feste Brust
Macht erst den ganzen Mañ, drum pfleg ich-s. nicht zu achten,
Wenn einige erhizt mich zuverfolgen trachten.

Joh Georg Gruber. Sch. A. V.

Wirth: Hiesel! pak dich weg von mir, fort ich laß dich nicht herein,
denn wie leucht, könt ich mit dir durch die Streif unglücklich sein.
Hiesel: Ey! was frag ich nach der Streif, den so bald mein Stuzer blizt,
u: ich meinen leuten pfeif, bist du gut genug beschüzt.
Wirth: Doch ich fürchte immer mehr, daß du endlich hangen bleibst,
wenn du ferner wie bisher dein gewohntes handwerk treibst.

Narr! ich bin kein dummes Thier daß sich gleich so fangen läßt,
Und mir schmeckt, nun macht dich hier noch mit bind ie Kette fest.
reilich ist dir noch nicht bang weil du bald dem Feind entfliehst,
ndlich kriegst du doch den Fang, wie du hier den Hirschen siehst.
ie der Jäger u: der Hund hier den Hirsch zu boden wirft,
lso glaub ich auch mit Grund daß es dir ergehen dürfft,

I. Martin. Will. excud: A.V.

Seite 17:

Der Bayrische Hiasl. Radierung von Johann-Georg Grueber.
Im Besitz des Deutschen Jagdmuseums, München.

Seite 18/19:

Gespräch zwischen dem Bayrischen Hiasl und dem Wirt von Osterzell.
Radierung von Johann Martin Will.
Im Besitz des Deutschen Jagdmuseums, München.

was besonders bei den Treibjagden der Fall war. Einst lagerten sich die Schützen ... am Saume des Heulachwaldes ... Da plötzlich sprang unser Pater auf, verließ die Gesellschaft und begab sich langsam schleichend und immer mehr bückend an einen nahen, frisch gepflügten Acker. Endlich erhob er sich und gab Feuer. Ein Hase! Ein Hase! rief er nun, sprang dabei in die Höhe und jauchzte ... Hiesel war flugs bei der Hand, um das erlegte Thier zu der... Jagdbeute zu tragen, überzeugte sich aber sogleich, daß der vermeinte Hase eine graue Katze sei, welche er nun unter großem Gelächter der Schützen vorzeigte. Unser Pater verließ aber unter Spott und Hohn seiner Ordensbrüder die Gesellschaft, und während er ... Mergenthau zueilte, hallte ihm der Ruf: Katzenschütze! Katzenschütze! noch lange nach. Klostermaier häutete ... am Abend die Katze ab und stopfte den Balg in der Absicht aus, nun damit, wie er äußerte, einmal einen Spaß üben zu können. – In der darauffolgenden Fastnacht nun, nämlich im Februar 1756 reihte sich Hiesel, als Jesuit gekleidet und mit einem Gewehre versehen, unter die Masken zu Kissing ... Bei dieser Gelegenheit ahmte Klostermaier, der die ausgestopfte Katze bei sich trug, alle die sonderbaren Gestikulationen und Grimassen des alten Jesuiten, namentlich aber dessen Stellungen, als derselbe die Katze erlegte, unter großem Gelächter der Zuschauer nach, und die Heiterkeit steigerte sich um so mehr, da alle die Eigenheiten des guten Patres kannten und die Nachahmung eine vollkommen getreue war. Dieser Akt mußte daher auf Verlangen oft wiederholt, und die Katze mehrmals erschossen werden. Die Folge dieses unüberlegten Streiches war aber der Zorn der Jesuiten über Hiesel, die, als sie erfuhren, was derselbe in Kissing vollführte, sogleich an den Verwalter in Mergenthau die Weisung ergehen ließen, den Frevler unverzüglich zu entfernen ...«

Mit der Jagd ist es aus, er darf nicht einmal mehr den alten Jäger Wörsching auf Pirschgängen begleiten. Da hilft dann alles Heulen und Zähneklappern nichts mehr, der Hiasl muß seine Siebensachen packen. Er wandert zurück nach Kissing, beim Serehansenbauern, Joseph Baumüller schreibt er sich, wird er Oberknecht und bleibt es bis zum April 1761.

Aber jetzt läßt ihn die Jagdleidenschaft nicht mehr los. Im Dorf erzählt man es hinter vorgehaltener Hand, daß er wildert. Erwischt hat man ihn bis jetzt noch nicht, aber die Spatzen pfeifen es von den Dächern. Er ist schon deshalb vorsichtig, weil er immer noch glaubt, eines Tages könnte man ihn doch wieder anstellen im Gut Mergenthau, könnte er wieder mit dem alten Jäger Wörsching auf die Jagd gehen, könnte er vielleicht sogar sein Nachfolger werden. Aber dann kommt der Sohn des alten Jägers nach Kissing zurück und wird zum Nachfolger seines Vaters bestellt. Der Traum ist nun ausgeträumt, aber das Jagen kann er nicht lassen. Vor allem will er nicht einsehen, daß das Wildbretschießen ein Verbrechen ist, für ihn ist es legitim, ist es sein ureigenstes Recht.

Damals ist es Brauch, nur einmal im Jahr seinen Dienstplatz zu wechseln, nämlich am Lichtmeßtag, am 2. Februar. Vom Hiasl aber ist überliefert, daß er am 24. April 1761 seinen Dienstplatz als Oberknecht beim Serehansenbauern aufgekündigt hat. So freiwillig allerdings geschieht das nicht. In Friedberg nämlich regiert ein churfürstlicher Pfleger, der ein leidenschaftlicher Jäger ist, der einen entsprechenden Haß auf Wildschützen hat, und dem daher der Hiasl ein Dorn im Auge ist; daß der nämlich wildert, ist auch ihm schon zu Ohren gekommen. Genauso weiß er, daß man diesen Matthäus Klostermaier noch nie dabei erwischt hat. So benützt er die Gelegenheit, den Hiasl auf die Liste derer zu setzen, die zum Militär zu ziehen sind.

Nichtsahnend sitzt der Hiasl beim Peuscherwirt – später wird man es hier beim Marxenwirt heißen – die Tür geht auf, Soldaten, Husaren kommen mit scheppernden Säbeln herein und erklären ihm, daß er nun Soldat werden müsse. Entsetzt schaut er sie an, aber dann gewinnt er seine Fassung sehr schnell wieder, tut so, als käme ihm nichts gelegener als dies. Er erzählt ihnen, er habe eh immer Soldat werden wollen, aber immer habe er das Freilos gezogen; widerspruchslos geht er schließlich mit. Sie führen ihn nach Friedberg, beim Bauernbräuer wird er einquartiert. Hier werden viele Neugeworbene zusammengetrieben, und grad lustig gibt sich der Hiasl, so als ob ihm gar das Schönste widerfahren wäre, was einem kurfürstlich bayerischen Untertanen überhaupt geschehen kann. Was er an Geld in seinem Beutel hat, läßt er springen, versauft er mit Werbern und Geworbenen, bis er – so genau will es die Überlieferung wissen – noch ganze sieben Kreuzer in der Tasche hat. Auf einmal ist er verschwunden. Das fällt zunächst nicht auf, als er dann aber doch abgeht, gibt es großen Alarm. Als sich dann noch herausstellt, daß er Friedberg ganz offiziell durch das Stadttor verlassen hat, springen die Husaren auf ihre Pferde und sprengen zur Stadt hinaus. Sie können ihm den Weg zur Brücke nach Augsburg abschneiden, sie entdecken ihn sogar, obwohl es schon Nacht wird, da springt er vor ihren Augen in den eiskalten, reißenden Lech und schwimmt ans andere Ufer, ans schwäbische Ufer. Triefend, schlotternd, zu Tode erschöpft, wankt er bei Tagesgrauen auf das Dorf Ottmarshausen zu. Ein Bauer sieht ihn, hat Mitleid und nimmt ihn auf. Drei Wochen pflegt und verpflegt er den Flüchtigen. Dann kommt wieder ein Verhängnis über den Hiasl. Es ist der letzte Tag, an dem er in Ottmarshausen ist, da geht der Bauer, der ihn aufgenommen und gepflegt hat, ins Wirtshaus, dort sitzt mit einigen seiner Genossen ein berüchtigter Wildschütz, der Bobinger Xaver, vulgo der Kretzenbube. Zu ihm an den Tisch setzt sich der Bauer, er rückt ihm näher und tuschelt was von seinem Patienten, erzählt, wie dieser überhaupt zu ihm gekommen sei und sagt zum Schluß: »Klostermaier schreibt er sich.« Da gehen dem Bobinger Xaver die Augen auf. Was? Der Brentanhiasl von Kissing? Der beste Schütz weit und breit?! Er läßt sich zum Hiasl führen und überredet ihn, bei seiner Räuberbande mitzumachen. Er werde dann schon sehen, was das für ein herrliches, sorgloses und vor allem freies Leben sei. Und der dumme Kerl schlägt ein und geht mit.

In Kissing geht unterdessen das Gerücht um, der Hiasl sei auf der Flucht vor den Werbern von den Fluten des Lech fortgerissen worden und ertrunken. Das erzählt man ihm, als er eines Nachts in Kissing auftaucht. Ihm fehlt sein Stutzen und den muß er sich holen. Noch in der gleichen Nacht flieht er über den Lech zurück ins Schwäbische, dort gibt es keine Soldaten und Werber des Kurfürsten von Bayern.

Lang allerdings bleibt er nicht bei der Bande des Bobinger Xaver. Er soll gehorchen, er soll kuschen, wenn der Bobinger etwas sagt, und soll folgen, ausgerechnet er, der der beste Schütz ist. Da macht er sich lieber selbständig, sammelt einige Wildschützen um sich. Wirbt er sie ab? Laufen sie ihm nach? Jedenfalls laufen sie dem »Bobinger Xaverius«, dem »Kretzenbuben«, davon. Der räubert und stiehlt auf eigene Faust, wird am Ende auch erwischt, vor Gericht gestellt, zum Tod verurteilt und am 14. September 1770 in Günzburg mit dem Schwert vom Leben zum Tod befördert.

Die Spuren des Hiasl und seiner Genossen machen sich bald bemerkbar. Die Wildrudel werden lichter, das Wild scheuer. Die Jäger und Jagdherren müssen das in ohnmächtiger Wut erkennen, tun können sie dagegen nichts, denn keiner von der Bande hat sich bis jetzt erwischen lassen. Das Wildbret verkauft der Hiasl den Bauern, oder er schenkt es ihnen gar. Bei ihnen gelten er und die Seinen was. Schließlich mindert er den Wildschaden; und das Wildbret, das er ihnen zukommen läßt, ist wenigstens ein kleiner Teil Wiedergutmachung. Die Bauern laden nicht umsonst den Hiasl zu Hochzeiten ein, in vielen Fällen kommt der Festbraten von ihm.

»... Beredt wie er war, stellt er bei solchen Gelegenheiten den Landbewohnern recht eindrucksvoll vor, wie er von Gott gleichsam dazu berufen sei, sie vor Schaden zu bewahren; wie das Wildschießen keine Sünde und der, welcher einen Kreuzer stehle, ein weit größerer Verbrecher sei, als der, der sich tausend Hirsche aneigne ... Und die Bauern waren Aug und Ohr und schenkten allem dem Glauben, was ihnen da vorgepredigt wurde ...«

Wenn er solche Reden führt, dann jubeln ihm die Bauern zu. Für sie ist er Helfer, fast ein heiliger Nothelfer, und für den Hiasl bedeutet jeder einzelne Bauer Schutz. Nur so ist es zu verstehen, daß alle Soldatenstreifen, die man losschickt, den Hiasl und seine Bande aufzustöbern, nicht einmal auf seine Spur kommen, geschweige denn, daß sie ihn sehen oder gar erwischen. Die Bauern warnen ihn, die Bauern verstecken ihn, verleugnen ihn, verwischen alle Spuren. Er gibt das natürlich nicht zu. Er erzählt den Bauern, er sei ständig von einem Schutzgeist begleitet, der ihn auf alle, auch auf die kleinsten Gefahren aufmerksam mache. Und staunend, mit aufgerissenen Mäulern hört ihm das Bauernvolk zu.

Noch lieber hört es ihm zu, wenn er erzählt, er sei kugelfest. Keine Kugel könne ihm etwas anhaben. Er müßte ja schon wie ein Sieb ausschauen, wenn Kugeln, die auf ihn abgeschossen werden, nicht abprallen würden. Ja, er zieht dann augenzwinkernd Kugeln aus der Tasche, die er aufgefangen hat – mit der Hand aufgefangen. Keinem der Bauern und Bauernweiber, der Mägde und Knechte käme der Gedanke, diese Reden zu bezweifeln. Noch achtzig Jahre nach seiner Hinrichtung sagt der alte Austragssöldner Joseph Ableitner: »Fanga habn's ihn halt kunnt, aber net vaschiaßa!« Und der hat's wissen müssen, denn sein Großvater, der Michael Ableitner, war der Taufpate des Bayrischen Hiasl.

»I bin da Boarisch Hiasl,
Koa Kugel geht ma ei.
Drum fürcht i aa koan Jaga,
Und sollt's da Teifi sei!«

Wie gesagt, gesungen wird das heut noch, nur wird es im Gegensatz zu früher nimmer geglaubt.

Interessant ist, daß die Sympathie der Bevölkerung unverhohlen dem Hiasl gelten kann, daß das die Leute offen sagen, daß es die Jäger kaum wagen dürfen, über ihn herzuziehen, wenn sie nicht Prügel von den Bauern riskieren wollen. Dabei halten ihm nicht nur die Bauern die Stange, sondern auch die geistlichen Herren. Das mag verständlich werden, wenn man weiß, daß viele Bauern sogenannte Ökonomiepfarrer sind, Pfarrer, die eine eigene Landwirtschaft betreiben, die also genauso unter Wildschäden zu leiden haben wie jeder Bauer. So mancher Pfarrer muß ihn versteckt, so mancher geistliche Herr ihm Wildfleisch abgekauft haben.

So erzählt ein alter schwäbischer Pfarrer dem Lehrer Nöggler von Kissing im Jahr 1830 eine Geschichte, bei der sein Vater Zeuge war. Ein Pfarrer hat dem Hiasl ein Hirschkalb abgekauft, ein junger Adeliger erfährt das und stellt den Pfarrer zur Rede. Er frägt höhnisch, wie teuer das Pfund gekommen sei. Dem Geistlichen ist das peinlich, und verlegen lächelnd antwortet er: »Nicht hoch – wenn ich allerdings zu der kleinen Summe, die das Kalb gekostet hat, den großen Schaden rechne, den Ihr Wild auf meinen Feldern schon seit zwanzig Jahren verursacht hat, dann mag mich das Pfund auf hundert Gulden kommen«. Der junge Adelige gerät in Wut und schreit den Geistlichen an, ob es sich überhaupt mit der Würde und mit dem Gewissen eines Priesters vertrage, von so einem Lumpen und Spitzbuben gestohlenes, gewildertes Wild zu kaufen? Darauf antwortet der Pfarrer aufgebracht, der Hiasl mag zwar gegen das Gesetz handeln, aber im Grund stifte er doch vor allem Nutzen und hätte er, der Pfarrer, tatsächlich von ihm Wildbret gekauft, so könne er sein Gewissen dabei wahrlich leichter beruhigen, als ein gewisser Junker, der Wild in dieser Menge herwachsen lasse, dem Wildschaden gegenüber völlig gleichgültig sei, und der damit den Bauern zugrunde richte. – Die Antwort des Junkers: eine schallende Ohrfeige.

Nun, wie gesagt, der Hiasl findet nicht nur bei den Bauern Unterschlupf, sondern auch in Pfarrhöfen, und er soll – so wird erzählt – auch den Klöstern pflichtschuldigst immer seinen »Zehnten« bringen.

Er scheint damals nicht immer mit einer Bande unterwegs zu sein, er geht oft allein auf die Jagd, zumindest in den Jahren 1761 und 1762. Jäger- und Soldatenstreifen verfolgen ihn zwar, aber er weiß ihnen auszukommen, schlau wie ein Fuchs, durchtrieben, die Fassung verliert er nie. Sicher, das ginge wohl nicht so gut, wenn ihn die Bauern nicht schützen würden. Da machen viele Geschichten die Runde.

Eines Tages sitzt er in einem Bauernhaus, einem Einödhof, in der Küche, da stürzt der Bauer herein und schreit, daß gerade Jäger das Haus umstellen. Die Bäuerin schiebt den Hiasl in die Kammer neben der Rauchkuchel, versteckt ihn in einer Truhe, sperrt ab, zieht den Schlüssel ab und stellt auf die Truhe eine Menge Schüsseln und Gerät. Die Jäger durchsuchen polternd, fluchend das Haus, sie schlagen Krach, sie drohen, denn sie wüßten es bestimmt, daß der Hiasl in diesem Haus sei. Da kommt der Knecht zur Tür herein, merkt sofort, um was es geht, und sagt zu den Jägern: »Wenn ihr den Bayrischen Hiasl sucht, braucht ihr euch hier keine Mühe machen, der schlaft draußen im Wald, kommts, ich führ' euch hin.« Aber Wunder über Wunder, der Vogel war hier auch schon ausgeflogen.

Eine andere Geschichte – oder Sage – weiß zu berichten, daß er von Verfolgern eines Tages tatsächlich aus einem Versteck aufgestöbert und gejagt worden ist. Und nun rennt er, was das Zeug hält, davon, die Verfolger hinterdrein. Zwei große Fanghunde, die sie ihm nachgehetzt haben, hat er ihnen schon weggeschossen. Der Abstand zwischen dem Hiasl und seinen Verfolgern wird nicht größer, er wird nicht kleiner. Er läuft endlich auf ein Haus zu, das unmittelbar am Rand eines Laubwaldes steht, die Leute dort kennt er, sie mögen ihn gut leiden. Die Verfolger sehen das, dringen in das Haus ein, lärmend, fluchend, drohend, aber der Häuselmann und seine Frau wollen von nichts wissen. Sie kennen den Hiasl nicht, sie haben ihn nie gesehen und hier sei er nicht, hier sei überhaupt niemand. Sie durchstöbern das Haus, kehren das Unterste zuoberst und finden ihn nicht. Ein alter Jäger macht daraufhin den Vorschlag, das Haus acht Tage lang zu bewachen, dann müsse er ja zum Vorschein kommen, dann treibe ihn schon der Hunger aus dem Versteck. Sechs Mann bleiben zunächst tatsächlich da, überlegen es sich jedoch in derselben Nacht noch anders, zertrümmern die Fenster, verprügeln die Hausleute und ziehen ab. Der Hiasl aber hat sich in dem Augenblick, in dem die Jäger in das Haus eingedrungen waren, durch eine Dachluke davongemacht und über einen tief über dem Dach hängenden Ast auf eine buschige Linde geschwungen, in der er sich hoch droben versteckt hat.

Ein drittes Mal sind die Verfolger hinter ihm her, auf freiem Feld, in einer buckligen Landschaft allerdings; sie schießen ihm nach, aber sie fehlen ihn; oder die Kugeln prallen ab, schließlich hat er ja die legendären geheimnisvollen Kräfte. Der Abstand zwischen ihm und seinen Verfolgern ist zwar zuerst noch verhältnismäßig groß, aber er verringert sich zusehends. Da läuft er über einen Buckel, sieht drüben Bauersleut' bei der Heuarbeit, die mit ihren Rechen aufschlageln, rennt zu ihnen hin, wirft sich vor ihnen auf den Boden, bittet und bettelt sie, sie sollen ihn mit Heu zudecken und die tun das tatsächlich. Das Ganze ist ein Werk von Sekunden. Als die Verfolger mit raushängenden Zungen ankommen, ist er nicht mehr zu sehen. Sie schreien den Bauern an, ob er nicht einen flüchtenden Wildschützen gesehen habe, der aber gibt keine Antwort und deutet nur auf Büsche in der Nähe. Dort wollen sie den Hiasl verfolgen, dort verlieren sie seine Spur.

Einmal hat er gar die Frechheit, mit seinen Schützen seelenruhig in das Haus eines Jägers zu gehen und sich von der Jägersfrau Kuchen auftischen zu lassen, denn er weiß, daß der Hausherr mit anderen Jägern auf dem Weg ist, den Bayrischen Hiasl zu suchen, um ihn aufzustöbern und gefangenzunehmen.

Im allgemeinen ist es in dieser Zeit – zunächst wenigstens – ein Katz- und Mausspielen. Zu direkten Auseinandersetzungen kommt es nicht, und damit natürlich auch nicht zu Roheiten und Grausamkeiten. Mit den ersten direkten Berührungen wird das anders.

Eines Tages treiben sich der Hiasl und die Seinen in den Wäldern bei Burgau herum. Seine Kumpane lagern in einem Dickicht und schlafen. Ein Stück abseits davon bricht der Hiasl einen Hirsch auf, den Stutzen hat er an einen Baum gelehnt. Drei Jäger entdecken ihn, können sich nahe an ihn heranpirschen, einer greift nach seinem Stutzen, die andern beiden legen auf ihn an. Sein Biograph schildert das recht spannend. Sie rufen ihm zu, daß er jetzt arretiert werde. *»›Oho!‹ äußerte Klostermaier, ›so schnell geht das Ding nicht, denn noch bin ich mit meiner Arbeit nicht ganz fertig und da möchte ich auch noch gerne ein Stündchen schlafen.‹ ›Elender Tropf!‹ rief hierüber erzürnt einer der Jäger, ›jetzt bereite dich zum Tode, du armer Sünder! Ich will dir jetzt zeigen, daß auch ich schießen gelernt habe.‹ ›Ja‹, erwiderte Hiesel hierauf ganz ruhig und mit der Hand seitwärts deutend, ›aber die da drüben können es vielleicht noch besser als du!‹ Nun erst bemerkten die Jäger unter großem Schrecken, daß sieben Rohre aus dem Dickicht auf sie gerichtet seien ... Da sprangen ... die Wildschützen blitzschnell herbei, hinderten ihre Flucht und nahmen ihnen die Gewehre ab. ›Kameraden!‹ redete jetzt Klostermaier die Waidmänner an, ›ich möchte mich heute mit euch unterhalten, aber, wie gesagt, ein Stündchen muß ich vorerst noch schlafen, und da ihr wißt, daß ich ein armer Sünder bin und sohin des Gebetes bedarf, so sollt ihr, während* *ich schlafe, für mich kniend und laut beten.‹ Bei diesen Worten streckte er sich auf den Boden nieder, legte seinen Kopf auf den Hals des Hirsches und stellte sich schlafend. Aber mit dem Niederknien und dem Gebete hatte es seine schwere Not. Einer der Jäger rief sogleich: ›Schießt mich nieder! Lieber sterben, als mich einer solchen Demüthigung unterziehen!‹ Doch die schmerzlich in Bewegung gekommenen Hirschfänger der Wildschützen brachten bald eine solche Wirkung hervor, daß man sich endlich dem gegebenen Befehl fügte. Da aber die Jäger größtentheils das Vaterunser nur so halblaut murmelten, so wurden sie von den Wilderern in bezeichnender Weise oft empfindlich ermahnt, lauter zu beten. Endlich erhob sich der Hiesel, dankte den Waidmännern für das Gebet, stellt ihnen die Gewehre zu und äußerte, daß ihnen nun durch seine Kameraden für das eben verrichtete fromme Werk eine musikalische Unterhaltung zu Theil werden solle. Unter einer höllischen Katzenmusik wurden hierauf die Jäger aus dem Wald hinausgehöhnt . . .«*

Um diese Zeit wird ein junger Schweizer im schwäbischen Oberland als Jäger angestellt. Er ist sehr groß, mager, schmächtig, hat aber einen üppigen Haarwuchs und folglich einen dicken, langen Zopf. Das Maul nimmt er recht voll, Wildschützen habe er schon mehr als einen zur Strecke gebracht und der Bayrische Hiasl solle ihm nur unter die Finger kommen, dann werde er ihn an den Füßen am nächsten Baum aufhängen und zappeln lassen. Diese Sprüche sind natürlich dem Hiasl zugetragen worden, und wie es der Teufel will, fällt dieser langschlaksige Jäger dem Hiasl und seiner Bande in die Hände. Da spricht der Hiasl den jungen Jäger an, er wüßte schon, daß er ihn, den Hiasl, an den Füßen am nächsten Baum aufhängen möchte. Aber er sei ja viel menschlicher, er lasse ihn nur an seinem starken Zopf aufhängen.

Angeblich habe er ihm nur Angst machen wollen, so sagen es die Leute, denn der Hiasl ist ja schließlich ein edler Mensch. Nun, die Wildschützen lassen sich nicht mehr zurückhalten, binden ihm die Hände auf den Rücken, biegen eine junge Birke um, binden den Zopf daran fest, lassen die Birke aus und schon hängt er hilflos am Baum. Er wird von den groben Lackeln ein paarmal hin- und hergeschaukelt, aber dann macht der edle Räuberhauptmann Klostermaier diesem grausamen Spiel ein Ende, läßt ihn herunterholen, gibt ihm als noble Geste sogar das Gewehr zurück. Dann jagt er ihn unter dem Hohngelächter seiner Kameraden zum Teufel.

Wie kommen nun diese Geschichten unter das Volk? Bei so mancher mag der Volksmund einiges dazu erfunden, manches mag er verbogen, mag er verzerrt haben.

Eine der wichtigsten Quellen ist ein Wildschütz mit Namen Studele. Er gehört zur Bande des Klostermaier Matthäus. Er muß klein gewesen sein, breitschulterig, untersetzt, ein ganz verwegener Kerl, der dem Hiasl nicht von der Seite weicht. Er kann der strafenden Gerichtsbarkeit entkommen und lebt nach der Hinrichtung seines Räuberhauptmanns abwechselnd in Kissing und in Hofhegnenberg. Interpol gibt es noch nicht, Auslieferungsbestimmungen und Verträge zwischen den kleinen und kleinsten eigenständigen schwäbischen Ländern und dem Herzogtum Bayern gibt es auch nicht, und so kann er hier ungestört leben, denn auf herzoglich bayerischem Boden hat er nie eine Straftat begangen. Hochbetagt stirbt er im Jahr 1820 in der Gegend von Aichach. Verärgert ist er nach dorthin umgezogen. Er hat nämlich bei Kissing, am Hagenbach, nahe an der Hauptstraße, eine Bierwirtschaft aufmachen wollen, hat schon eine elende Baracke zusammengenagelt, aber die böse Konkurrenz, die Wirte der Umgebung, haben in einer finsteren Nacht diese Baracke zerstört. Noch 1865 kann man Reste davon sehen; in jenen Jahren leben in Kissing auch noch viele alte Leute, die in ihrer Jugend den Studele gekannt haben, denen seine Erzählungen noch im Ohr waren.

Der Hiasl entwickelt bereits ein regelrechtes System. Eine Regel ist, nie länger in einem Gebiet zu bleiben als höchstens sechs oder acht Tage. Eine weitere Regel: geht der Hiasl zunächst mit seiner Bande wildern, so trennen sich die Schützen einen Tag später. Man macht aus, wann und wo man sich wieder trifft und jeder geht die nächsten Tage allein auf die Jagd.

Klostermaier taucht an solchen Tagen immer wieder im Bayerischen, in seinem Heimatdorf Kissing auf. Und es wird erzählt, daß die Bauern schon unruhig geworden seien, wenn er einmal nicht auf seinen Streifzügen war und daß doch tatsächlich einmal zwei von ihnen nach Kissing gekommen seien, um ihm 15 Taler zu überreichen. Die Bauern hatten sie in ihrem Dorf gesammelt, weil sie den Hiasl bewegen wollten, in ihre Gegend zu kommen und das Wild abzuschießen.

Es ist nicht nur die Anhänglichkeit an seine Heimat, die Sorge um die Seinen, die ihn immer wieder nach Kissing treibt, der eigentliche Grund dürfte die Monika Baumüller sein, die Tochter des Bauern, bei dem er als Oberknecht gedient hat. In sie hat er sich verliebt und sie in ihn, von ihr kann er nicht lassen. Öfters schon hätte sie sich gut verheiraten können, aber sie möchte nur ihn, sie kann ihren Matthäus nicht vergessen. Am 20. November 1765 wird den beiden ein Sohn geboren und auf den Namen Korbinian getauft.

Der Sohn des Hiasl wird später heiraten, eine Tochter haben und 1796 im Alter von 31 Jahren sterben. Seine Witwe wird dann 1798 einen Magnus Kaiser heiraten. Er sei deshalb erwähnt, weil er dem Lehrer Nöggler in Kissing noch so manches erzählt. Der Kaiser Magnus sammelt ganz bewußt Geschichten um den Hiasl. Er frägt all die, die persönliche Erinnerungen an ihn haben, aus. Seine Hauptquellen sind drei Wildschützen von der Bande des Klostermaier Matthäus, die in und um Kissing noch leben, darunter wie gesagt der Studele. Er selbst stirbt hochbetagt im Jahr 1858.

Nun, der Hiasl sitzt, während ihm der Bub geboren wird, in der kurfürstlichen Haupt- und Residenzstadt München im Zuchthaus. Jahrelang hat man ihn nicht erwischt, aber einmal hat es ja kommen müssen. Ein Schütz, den er aus seiner Bande ausgeschlossen hat, hat ihn verpfiffen, und so ist er mit noch einem Schützen von einer größeren Streife umzingelt und festgenommen worden. Ohne Gegenwehr hat er sich ergeben. Unter großem Jubel sind die beiden nach Landsberg gebracht worden, überall in den Dörfern sind die Bauersleut neugierig zusammengelaufen, um den berühmt-berüchtigten Räuberhauptmann wenigstens einmal aus aller Nähe bestaunen zu können. Nach einem kurzen Prozeß kommt er mit der erstaunlich geringen Strafe von einem dreiviertel Jahr Zuchthaus davon. Es heißt, das Strafmaß sei deshalb so gering ausgefallen, weil das hohe Gericht anerkannt habe, daß er nie Gewalt angewendet hatte.

Nachdem wir gerade von der großen Liebe des Hiasl gesprochen haben, sei noch eine andere Liebe erwähnt, die Theres; schließlich hat sie ja auch im Volkslied ihre Spuren hinterlassen. Da der Hiasl hinter Schloß und Riegel sitzt, haben wir auch Zeit, von ihr zu erzählen. Sicher war der Matthäus Klostermaier kein Kostverächter und zudem sind ihm die Mädchenherzen wohl nur so zugeflogen. Fesch muß er gewesen sein, schneidig und verwegen, und so etwas verfehlt seinen Eindruck nicht. Aber nun zur Theres.

Der Hiasl treibt sich mit seiner Bande in der Umgebung von Memmingen herum. In einem Bauernhof, einer Einöde, wo er immer wieder einkehrt, ist eine Magd, bildschön, und der Jäger dieser Gegend steigt ihr nach. Das erzählt jedenfalls der Bauer dem Hiasl. Der Hiasl spricht sie daraufhin an, sie sagt, daß sie von diesem aufsässigen wilden Kerl nichts wissen will und er, der Hiasl, verschaut sich in sie, sie wohl auch in ihn. Er verspricht ihr, daß er mit ihr zum Tanzen ins Wirtshaus gehen wird, und daß dann dem Jagersknecht die Freud' an ihr schon vergehen wird. Er begleitet sie tatsächlich zum Tanzen, läßt keinen Tanz mit ihr aus, der Jäger muß zornig-verbittert zuschauen und ihm zum Trotz busselt der Hiasl die Res' auch noch öffentlich ab. Das ist dem Jäger zuviel und er verläßt wütend und unter dem Hohngelächter der Bauernburschen den Wirtshaussaal. Weil nun Jäger immer »schlecht« sind, der Hiasl aber immer edel ist, geschieht Folgendes. Einige Tage später, der Hiasl ist mit seiner Bande längst über alle Berge, überfällt der schnöde Jäger und verschmähte Liebhaber die schöne aber arme Magd draußen auf dem Feld, wo ihre Hilferufe ungehört verhallen. Er prügelt sie, er mißhandelt sie. Dieser Vorfall wird dem Hiasl zugetragen, der kehrt wütend mit seinen Wildschützen zurück, lauert dem Jäger auf und erwischt ihn tatsächlich. Der, wie alle feigen Naturen, kniet sich nieder, bittet um des Himmels willen um Gnade und Erbarmung und verspricht, er werde es bestimmt nie wieder tun – nie! Und wenn sie ihn am Leben ließen, dann werde er sofort seinen Dienst quittieren und sich nie mehr in dieser Gegend sehen lassen. Da verzeiht ihm der Räuberhauptmann Klostermaier mit großzügiger Geste, allerdings nicht ohne ihm noch einmal gehörig Angst einzujagen und mit Nachdruck zu drohen, er werde ihn bestimmt in die Ewigkeit schicken, wenn er nicht innerhalb von drei Tagen aus der Gegend verschwunden sei.

Und in einer alten Biographie heißt es: *»Der Jäger verschwand fast augenblicklich, Klostermaier und Theres aber blieben einander fortwährend mit inniger Liebe zugethan und er machte nicht selten Umwege, um ihr Besuche abstatten zu können.«*

Dabei vergißt er allem Anschein nach die Monika in Kissing nicht, denn der gleiche Biograph schreibt über seine Liebe zur Monika Baumüller, der Mutter seines Buben: *». . . die Sehnsucht nach seiner Geliebten trieb ihn immer in ihre Nähe, und er fühlte sich an ihrer Seite um so glücklicher, als sie dieser Liebe die größten Opfer brachte . . .«*

Das sind die »Lieben« des Matthäus Klostermaier, vulgo des Bayrischen Hiasl, drenterm und herenterm Lech.

...wo er nebenbei auch einer Henne den Kopf wegschoß...

Daß ein Schütz von dem Ruf des Hiasl kugelfest ist, das ist, wie schon gesagt, selbstverständlich, davon sind alle Zeitgenossen fest überzeugt. Und ebenso selbstverständlich ist, daß er selbst ein vorzüglicher Schütz ist, ein unfehlbarer Schütz sogar. Da erzählt man sich sagenhafte Dinge, von unwahrscheinlichen Wetten, die er gemacht und natürlich auch gewonnen hat.

Jeden Spatzen auf dem Dach schießt er nicht nur vom Dach, sondern den Kopf »von demselben« herunter. Das ist aber noch gar nichts. Auf eine Entfernung von vierzig Schritt aus einer Spielkarte, aus einer Eichelkarte, jede Eichel einzeln herauszuschießen, ist für ihn keine Schwierigkeit, sondern Sport. Das alles aber ist viel zu einfach, da muß ihm schon noch was anderes einfallen, vor allem in den Wirtshäusern und Schießständen, wo man um die anderen, die »einfacheren« Kunststücke schon weiß; im Schererwirtshaus in Kissing zum Beispiel.

»... *Als er eines Tages seine Kunst im Schererwirtshause dahier produzirte, ließ er sich auch nach mancher schon gewonnenen Wette ein mit Wasser gefülltes Glas auf den Stutzen stellen und hielt dann so ruhig, daß sich die Flüssigkeit nicht im Geringsten mehr bewegte. Zum Schluß befahl er noch seinem Buben, sich in einer Entfernung von 50 Schritten aufzustellen und dort ein Kartenblatt, welches in der Mitte durchschossen werden sollte, empor zu halten. Fest und unbeweglich stand der kecke junge Mensch und als der Schuß knallte, war das Ziel punktmäßig getroffen. Uebrigens wurde im Schererwirtshaus das in der Mitte durchschossene Kartenblatt viele Jahre hindurch aufbewahrt und vorgezeigt. Das Nämliche vollführte Klostermaier im Jahr 1770 bei der Nachkirchweih zu Kellmünz, wo er nebenbei auch einer Henne den Kopf wegschoß.*«

Kellmünz ist ein Markt in der Nähe von Illertissen. Aber folgen wir weiter dem, was Johann Nepomuk Nöggler 1866 geschrieben hat.

»*Der Schuß, welchen er außen an der Westseite des Kirchengebäudes zu Kissing in der Jahreszahl* MDCCXXIII *im D anbrachte und der heute noch zu sehen ist, rührt ebenfalls von einer Wette her, die Hiesel im Gaberwirthshause dahier eingegangen und gewonnen hatte. Stolz wie er war, suchte er auch überall seine Kunst zu zeigen und Bewunderung zu erregen, worüber uns eine Menge glaubwürdiger Geschichten aufbewahrt sind, von denen ich hier jedoch nur einige anführen will.*

Zur Zeit als Hiesel in Mergenthau war ... traf er einst auf dem Weg nach Augsburg zwei Bürger dieser Stadt, die sich zu einem Scheibenschießen nach Friedberg begaben. Sie machten eben Halt, um ihre Gewehre zu prüfen, zu welchem Zwecke sie ein Blatt Papier mit schwarzen Kreisen an einen Baum hefteten. Klostermaier blieb wie angespannt stehen und machte ruhig den Beobachter. Als aber die Kugeln gar so schlecht trafen, wurde er unwillig ... ›Da taugen entweder die Gewehre oder die Schützen nichts!‹ ... Da rief einer der Schützen: › ... so schieß du, wenn du es besser kannst!‹ ›Sehr gern‹, sagte der Hiesel ›und es wird sich sogleich zeigen, wo es fehlt.‹ Er heftete hierauf ein Baumblatt an den Stamm, entfernte sich auf Schußweite, und traf mitten in das Ziel. Als er nun mit dem Gewehre des andern Bürgers den Fall verdoppelt, gerieten die Schützen in großes Erstaunen, aber unser Meisterschütze hatte sich hiedurch auch verrathen. ›Das ist der Mergenthauer Hiesel‹ flüsterten sich die Bürger einander zu, und Klostermaier ging stolz seiner Wege.«

Es ist in diesem Zusammenhang vielleicht ganz interessant, daß der Lehrer Nöggler von Kissing jahrelang Nachforschungen getrieben hat, ob der Hiasl einmal bei einem offiziellen Scheibenschießen, im nahen Mering zum Beispiel, teilgenommen hat oder nicht, und daß er keinen Hinweis hat finden können. Aber das ist wohl erklärlich. Zuerst mag der Hiasl zu jung gewesen sein, und später dann war ihm das Pflaster bei einem offiziellen Scheibenschießen sicher zu heiß.

Eines Tages, man schreibt das Jahr 1766, halten neun Jäger im Wirtshaus zu Gersthofen großen Kriegsrat, wie sie dem Hiasl, der sich mit seinen Lumpen im Augenblick in der Umgebung herumtreibt, das Handwerk legen könnten. Der Klostermaier Matthäus hat davon erfahren, marschiert mit sechzehn Wildschützen nach Gersthofen, kommt mit ihnen unbemerkt bis zum Wirtshaus und tritt mit dem unbefangensten Gesicht in der Gaststube ein. Er frägt sie spöttisch, ob er an ihrer Beratung teilnehmen könne, und ob er und seine Kameraden an ihrem Tisch Platz nehmen dürften? Nun – was bleibt den Jägern schon anderes übrig. Und er sagt ihnen angeblich noch, sie sollten doch froh sein, wenn ihnen der Hiasl gleich so bequem in die Hände falle, nachdem sie ihn sowieso fangen wollen. Große Verlegenheit. Die Wildschützen haben den Jägern die Gewehre weggenommen, ehe die überhaupt zum Schauen gekommen sind. Der Hiasl hält den Jägern eine Vorlesung, es sei doch unsinnig, wenn man ihn nicht schießen lasse, er schieße eh nur das Wild weg, dem die Jäger allein gar nicht Herr werden. Und sie sollten doch nicht immer gegeneinander sein. Miteinander sei viel vernünftiger, und sie sollten doch brüderlich zusammenstehen; er strecke ihnen die Hand zur Verbrüderung entgegen. Eisiges Schweigen. Da langweilt sich der Hiasl und möchte sich auf seine Art und Weise unterhalten.

»... Er wollte wieder einmal seine Kunst im Schießen zeigen und rief daher ... einem ... Jäger zu: ›Du, Alter! Ich hab schon oft gehört, daß du dich immer rühmst, besser schießen zu können als ich; wollen wir heute eine kleine Wette machen?‹ Der Geforderte, der wirklich ein ausgezeichneter Schütze war, ging hierauf mit der Bedingung ein, daß er sich hiebei seiner eigenen Büchse bedienen dürfe. ›Schießt alle Gewehre los, bis auf das, welches dem Nachbarn da gehört!‹ kommandirte sogleich der Hauptmann, und fast augenblicklich krachte es aus 8 Feuerschlünden zu den geöffneten Fenstern hinaus, worauf die Flinten und Büchsen auf weiteren Befehl wieder in die Hände der Eigenthümer wanderten.«

Der Räuberhauptmann ist ein edler Mensch, da gibt's gar nichts, er beherrscht die Sitten eines Kavaliers. Ehre wem Ehre gebührt.

»... Nun begaben sich Wilderer und Jäger, begleitet von vielen Dorfbewohnern, auf den Kampfplatz, und zwar in der Nähe der Kirche, da man nämlich schon vorher einen gewissen Punkt auf dem Thurme bestimmt hatte, wonach geschossen werden sollte. Als aber der Hiesel, der den ersten Schuß hatte, genau mitten in das Ziel traf, gab sich der Jäger für überwunden, und feuerte seine Kugel in die Luft ...«

Und der Biograph fügt gewissenhaft hinzu: *»Ich habe diese Geschichte genau so gegeben, wie selbe der Augenzeuge, Studele, dem Magnus Kaiser und dieser wieder mir erzählte.«*

Aber weil gerade von der Kirche als Zielscheibe die Rede war: Da gibt es noch eine schöne Geschichte von einem schwäbischen Landpfarrer, der, wie so mancher seiner Brüder im Amt, ein guter Schütz ist. Er möchte den Bayrischen Hiasl längst einmal kennenlernen und eines Tages nun, nach der Messe, steht dieser in voller Größe doch tatsächlich heraußen vor der Kirche, vor dem hochwürdigen Herrn. Die beiden unterhalten sich gut, und als es für den Hiasl Zeit wird, sich aus dem Staub zu machen, sagt er zu seiner Hochwürden, dem Herrn Pfarrer, er wolle ihm ein Andenken an den heutigen Tag hinterlassen. Er schaut hinauf auf den Kirchturm, hinauf zur Gockelwetterfahne und meint, der Gockel habe kein Auge. Dann zieht er seinen Stutzen auf und läßt es schnallen, und als sich der Rauch verzogen hat, kann es jeder sehen: Der Gockel auf dem Kirchturmspitz hat jetzt ein Auge!

Das sind aber nicht die einzigen Scherze, die der Hiasl mit seiner Schießkunst treibt. Er ist sich seines Könnens so sicher, daß er es sich leisten kann, einem alten Jäger, der gemütlich zum Fenster herausschaut und seine halblange Meerschaumpfeife raucht, aus gehöriger Entfernung das Pfeifenrohr aus dem Maul zu schießen, oder aus der Hand, wie man will. Einem andern Jäger, der bei Kerzenlicht aus Roßhaaren Vogelschlingen macht, schießt er durchs offene Fenster die Kerzenflamme aus, daß der im Dunkeln sitzt.

Aufs Schießen schaut der Hiasl immer sehr genau. Ob einer würdig ist, Mitglied seiner Bande zu werden, prüft er zum ersten an den Schießkünsten des Schützen.

Die Profession der Wilddieberey

Der Hiasl wird 1766 aus der Haft entlassen und kehrt nach Kissing zurück.

Nun ist es ganz interessant, die verschiedenen Hiasl-Biographien zu vergleichen. So schwört eine davon Stein und Bein, daß der Hiasl mit den besten Vorsätzen zurückgekommen sei, daß *»die Thränen seines guten alten Vaters und die liebreichen Ermahnungen des hiesigen Pfarrvikars Joseph Ignaz Wolf«* einen tiefen Eindruck auf ihn gemacht hätten, daß er mehrere Wochen so gut wie unsichtbar gewesen sei und kein Wirtshaus besucht habe. Im übrigen habe er beim Bauern Baumüller Aufnahme gefunden und die Monika habe zunächst eben auch einen guten Einfluß auf ihn gehabt.

Da ist sein erster Biograph, als er 1772 sein Buch schreibt, etwas anderer Meinung. *»Dieser Zeit seiner Züchtigung, welche er zu seiner Besserung hätte anwenden sollen, bediente er sich, auf Mittel zu sinnen, seine neue Profession der Wilddieberey auf einen höheren Grad zu bringen, und sie mit mehrerer Sicherheit zu treiben. Dieses setzte er auch sogleich nach seiner Loslassung ins Werk. Er sammelte sich schon auf dem Wege eine Rotte handfester Wagehälse, an deren Spitze er sich stellte, und die Förste mit mehrerer Kühnheit, als zuvor, durchzustreifen anfieng.*

Er hatte seit seiner Gefangennehmung einen unversöhnlichen Haß auf die Jäger und Gerichtsdiener geworfen, und suchte bey dem Wildprätschießen, neben seiner herrschenden Neigung, auch nun mehro seine heftig entbrannte Rache zu befriedigen.

Der erste, welcher die Wirkungen derselben zu empfinden hatte, war der Sohn des Tussenhausischen Jägers, Franz Joseph Baur, welcher, indem er nebst seinem jüngern Bruder zur Abendszeit die Vogelgerichter besuchte, das Unglück hatte, in die Hände dieser tobenden Rotte zu verfallen.

Hiesel ersah ihn zuerst, und befahl ihm gleich von ferne unter den erschrecklichsten Bedrohungen zu stehen. Dieser aber dachte auf nichts, als sich durch eine schnelle Flucht dieser besorglichen Lebensgefahr

Matthias Brenkan, vulgo der Baÿrische Hiesel,
nebst seinem Jüngen, ünd Grosen Hünde.

nach dem Leben gezeichnet, G. P. et I. Lorenz Rugendas, Sc: et exc: Aug. V.

Erklährung der Zyffern (1) Comandierter Lieutenant Schedel (2) Grenadier u. Jäger Commando
(3) Anschlag welches aber versagte auf den Comandirten Lieutenant (4) übrige Schüse aus den Fe
ster von den Wildschüzen, davon (5) zwey Grenadier u. ein Jäger den Comandirten Lieutenant a
der Seite tod geschoßen. (6) eintringen der Grenadier mit aufgepflanzten Bajonetten in d
Wirthshaus. (7) erster Wildschüz welcher geschloßen in den Schnee hinaus geworfen worden

Bayrischer Hiesel welcher ebenfalls geschloßē in den Schnee hinaus geworfen worden. u. die
ise seiner Cameradē anzeigte. wo sie sich in dem Haus versteckt aufhielten, also noch sechs
unden worden. u. zwey tödte, in allē zehen Mañ. unter den acht lebendē sind 6. worunter Hi
mit zwey Schüßen am gefährlichsten. keines Wegs aber tödlich verwundet worden. das mehrere
t die Relation.   Joh. Martin Will excud. Aug. V.

Seite 37:

Der Bayrische Hiasl und der Bub.
Radierung von Johann Georg Lorenz Rugendas († 1799 Augsburg).
Im Besitz des Deutschen Jagdmuseums, München.

Seite 38/39:

Die Gefangennahme des Bayrischen Hiasls in Osterzell 1771.
Radierung von Johann Martin Will.
Im Besitz des Deutschen Jagdmuseums, München.

zu entziehen. Allein Hiesel schickte ihm seinen großen Fanghund nach, der ihn gar bald erhaschte, zu Boden riß, und so lang hielt, bis Hiesel mit noch vier seiner Cameraden ankam, welche ihn mit Schlägen und Rippenstößen sattsam ängstigten, und ihm endlich auf Befehl ihres Oberhauptes seine Flinte, Hirschfänger und Pulverhorn abnahmen. Nachdem sie diesen armen Jäger bey einer Stunde lang alß umgetrieben, und ihre Rache einigermaßen gekühlet zu haben glaubten; so befahl Hiesel, den Elenden zu entlassen, gab ihm sodann in eigener hoher Person noch einige derbe Maulschellen, und diese Lehre, mit den allerausgesuchtesten Flüchen und Bedrohungen ausgezieret auf den Weg, daß er hinkünftig, so lieb ihm das Leben wäre, keine Streif mehr wider ihn zu veranlassen wagen sollte. Nach Verrichtung dieser Heldenthat zog sich Hiesel mit seinem Heere in die Oesterreichische Waldungen ab . . .«

Im übrigen, »*Oesterreichische Waldungen*« heißt soviel wie in das Gebiet der Grafschaft von Burgau, deren Namen die Habsburgischen Kaiser des Heiligen Römischen Reiches sogar in ihrem langen Titel geführt haben.

Aber zurück zu den beiden Schilderungen, den beiden Meinungen. Wirklich recht wird keine haben. Ist die eine zu wohlgesonnen, so ist die andere, die ein Jahr nach dem Tod des Hiasl veröffentlicht wird, noch ganz unter dem Eindruck des Malefikanten, über den ganz zu Recht der Stab gebrochen worden ist, den man gar nichts anderes als erdrosseln, rädern, köpfen und vierteilen hat können. Der folglich auch ein Lump hat sein müssen. Die Wahrheit liegt auch hier wahrscheinlich in der Mitte, und ziemlich sicher ist, daß damals wieder und wieder Wildschützen zu ihm kommen, meistens im Schutz der Nacht, und ihn bedrängen, er soll doch wieder mitmachen. Einer der wohlgesonnenen Biographen läßt gar noch die Bauern bitten, betteln und flehen, er solle ihnen doch wieder helfen, denn seit er weg ist, habe das Wild wieder »*erschröckend*« zugenommen. Das brauchen wir aber nun sicher nicht zu glauben.

Es hat sicher gar nicht viel gebraucht, ihn zu überreden. Eines Tages jedenfalls, so wird erzählt, steht einer seiner Bande, Peter mit Namen, vor ihm, wirft ihm einen Beutel Geld auf den Tisch und überreicht ihm seinen alten Stutzen, der damals bei seiner Gefangennahme aus unerfindlichen Gründen nicht in die Hände der Jäger und Soldaten gefallen ist. Drei Tage später holen ihn angeblich fünfundzwanzig seiner Kameraden ab, er läßt sich nimmer lang betteln, läßt gute Vorsätze gute Vorsätze sein und geht trotz allem guten Zureden und Bitten derer, die es gut mit ihm meinen, mit.

Was dem einen ein Uhu, ist dem anderen bekanntlich eine Nachtigall. Ist der Hiasl den Bauern eine Nachtigall – sie müssen ihn in den Dörfern zum Teil mit Begeisterung empfangen haben –, so ist er der hohen Obrigkeit ein Uhu. Schon bald werden Kopfprämien auf ihn ausgesetzt. Der eine oder andere mag zwar mit dem Gedanken liebäugeln, den Hiasl gefangenzunehmen, um »zu Ehren und zu Reichtum« zu kommen, aber so einer verkennt doch die Situation, er unterschätzt die Zuneigung, die der Hiasl bei den Bauern immer noch genießt. Jedenfalls tragen ihm die Bauern all das zu, was andere gegen ihn sagen, oder gar gegen ihn aushecken.

Diese bittere Erfahrung muß eines Tages zum Beispiel ein baumlanger Müllersbursch aus Kissing machen. Im Rausch hat er große Sprüche gerissen, daß er es so einem Zuchthäusler wie dem Hiasl schon zeigen werde. Aber dann stehen ihm in der Mühle der Hiasl und seine Wildschützen auf einmal gegenüber. Im Kreis stellen sie sich um ihn, mit gezogenen Hirschfängern »kitzeln« sie ihn, und wenn nicht der Müller ein gutes Wort einlegen und den Hiasl zur Besinnung bringen würde, dann wäre es wohl um den Burschen geschehen. Sie lassen ihn endlich laufen, jagen ihn eigentlich fort, geben ihm nicht einmal soviel Zeit, seine wenigen Habseligkeiten mitzunehmen.

Es gibt kaum eine alte zeitgenössische Darstellung des Bayrischen Hiasl ohne den »Buben«. Der Bub ist in Beiererberg, einem Ort nicht weit von Kissing, daheim, schreibt sich Andreas Maier, scheint schon als kleiner Bub eine ausgesprochene Neigung zum Wildern gehabt zu haben und wird mit fünfzehn Jahren Mitglied der Klostermaierschen Bande. Als Wildschütz ist er bereits so »wohlrenommiert«, daß die hohe Obrigkeit ihn verhaften und zu den kurbayerischen Soldaten stecken will. Er nimmt Reißaus über den Lech, sucht die Bande Klostermaiers, findet den von ihm angebeteten Räuberhauptmann in der Nähe von Augsburg und bittet ihn inständig, ihn in seine Bande aufzunehmen. Der Hiasl langt ihm seine Büchs' hin, denn der Bub soll, wie jeder andere auch, einen Probeschuß machen. Er schießt so meisterhaft, daß die Schützen den Mund nimmer zubringen vor Staunen, und der Hiasl nimmt ihn auf wie einen Sohn, nennt ihn nie anders als seinen Buben.

In dieser Zeit kommt Matthäus Klostermaier, vulgo der Bayrische Hiasl, auch zu seinem Tyras und es gibt ja auch kaum eine Darstellung des Hiasl ohne den großen Fanghund. Auf legale Art und Weise kommt er auch zu diesem Hund nicht. Mein Gott – wann kommt er auf gerechte Art und Weise schon zu etwas, wenn nicht zu seiner Strafe.

Da ist ein Müller, der Besitzer der sogenannten »Putzmühle«. Sie liegt eine gute Wegstunde westlich von Mering. Und der Müller ist zwar ein gutmütiger Mann, der keiner Fliege etwas zuleide tut, aber wenn vom Hiasl die Rede ist, dann reißt halt auch er das Maul recht auf. Im übrigen erzählt er, er habe sich einen großen, scharfen Hund hergezogen, den Tyras, und der werde, der muß einmal den Bayrischen Hiasl fangen. Auch das wird dem Klostermaier zugetragen und eines Tages steht er vor dem Müller, setzt sich zu ihm und legt drohend sein Gewehr auf den Tisch. Dem Müller wird schon recht zweierlei zumute, als er zudem noch andere wilde Gestalten draußen vor dem Fenster sieht. Er sagt zu dem Müller, »Du willst mich ja schon lang fangen, hier bin ich!« Der antwortet zitternd, daß er ihn doch nie beleidigt habe. Drauf der Hiasl, davon solle heut' auch gar keine Rede sein, er wolle sich eigentlich nur seinen scharfen Hund anschauen. Der Müller warnt ihn, aber Klostermaier droht. Der Müller weiß nicht, was er tun soll, gehorcht er nicht, geht es ihm schlecht, gehorcht er, dann könnte es ihm gar noch schlechter gehen. Der Hiasl stellt sich an die Hauswand und brüllt ihn an, er solle endlich den Hund loslassen. Was dann geschieht, ist wohl mehr Sage als historische Wahrheit. Jedenfalls läßt der Müller den Hund los. Die riesige Bestie stürzt sich wütend auf den Räuberhauptmann. Es kommt zu einem langen, heftigen Zweikampf. Sieger bleibt, wie sollte es anders sein, der Matthäus Klostermaier, er drückt dem riesigen Fanghund die Gurgel so lang ab, bis der den Schwanz einzieht und jaulend am Boden liegt. Aus Hundeleinen machen die Wildschützen dem Tyras noch einen Maulkorb, dann zerren sie ihn davon und der Hiasl sagt zum Müller: »So, Müller, jetzt hast du den Bayrischen Hiasl das erste Mal, deinen Hund aber wahrscheinlich das letzte Mal gesehen.«

Der Hund ist, dem Lehrer Nöggler nach, von Augenzeugen genau geschildert worden.

»... der ... fürchterlich große und namentlich langgestreckte Hund, der eine bräunliche mit dunkeln Streifen und schwarzen Flekken durchlaufene Farbe hatte, ... wachte mit bewunderungswerthem Eifer für die Sicherheit seines Herrn, und rettete ihn aus mancher Gefahr. In den Wirtshäusern lag er gewöhnlich auf den Tischen um-

her, seine feurigen Blicke beständig nach der Thüre gerichtet, um die Eintretenden genau beobachten zu können, und fast schien es, als habe er Hiesels Feinde immer genau erkannt, denn er fiel oft unangehetzt Menschen an, von denen es sich später erwies, daß sie gegen Klostermaier nichts Gutes im Schilde führten. Daher glaubten auch gar viele Landleute, daß dieses Thier vom Teufel besessen sei.«

Daß der Hiasl den Hund nicht immer und ausschließlich zu seiner Verteidigung verwendet, wird immer selbstverständlicher. Die Zeiten, in denen von der Räuberbande noch keine Brutalitäten begangen wurden, sind längst vorbei. Zusammenstöße zwischen Jägern und den Leuten des Hiasl werden immer zahlreicher, Schreckensberichte von solchen Begegnungen machen in Windeseile die Runde, und so ist es kein Wunder, daß die Fronten sich zusehends verhärten, versteifen.

Das entbrannte Herz des Rache athmenden Hiesels...

Über das Jahr 1767 heißt es in »*Leben und Ende des berüchtigten Anführers einer Wildschützenbande, Mathias Klostermayrs ... aus gerichtlichen Urkunden gezogen ...*«:

»... Mit dem Laube im Frühjahr 1767 erschien auch Hiesel nebst seinem Anhange im Walde. Alle Gehölze um Augsburg wurden unsicher. Jäger und Soldaten zogen mit gedoppeltem Eifer und Muthe wider ihn zu Feld. Der erste Kampfplatz öffnete sich in dem Waldbergerwalde. Diesen durchstreifte Hiesel eben mit noch sechs anderen von seinem Gefolge, als er unvermuthet in dem sogenannten Münsterkau« – im Landgerichtsbezirk Göggingen – »auf ein Commando Jäger und Soldaten stieß. Der Angriff dieser streifenden Parthey war ziemlich herzhaft. Dahero Hiesel, der eine überlegen Macht vor sich sahe, vor rathsam fand, der Gewalt vor dießmal zu weichen, und sich zurückzuziehen. Allein auf dieser Flucht konnte er gleichwohl die Vermessenheit eines Jägersohnes von Waldberg, der ihn aus übermüthiger Hitze zu weit verfolgte, nicht mit kaltem Blute ansehen; er setzte sich deswegen hinter den Storren eines Baumes, brannte sein gezogenes Rohr auf ihn ab, und lehrte ihn, ein andermal klüger zu seyn.

Bey diesem glücklichen Rückzuge hatte inzwischen gleichwohl einer von Hiesels Leuten, der Lisabonner Beck genannt, den Unfall, in die Hände der streifenden Jäger und Soldaten zu kommen; und Hiesel, der sich den Verlust seiner Angehörigen, als ein wirkliches Oberhaupt, sehr zu Gemüthe zog, schwur, da er ihn nicht retten konnte, ihn doch wenigstens nächstens zu rächen. Diese Gelegenheit der gesuchten Rache stellte sich ihm gleich folgenden Tages erwünscht dar. Denn als er den Waldischen Jagedbezirk durchkreuzete, stieß ihm der dortige Jägersknecht auf. Diesem befahl er sogleich unter den schrecklichsten Bedrohungen Halt zu machen; allein da dieser umso eilfertiger davon lief, so schoß ihm Hiesel nach, verfehlte ihn aber.

Indem ihnen nun so geschwinde kein anderer, an dem sie sich reiben könnten, aufstossen wollen, so enschloßen sie sich einen zu suchen. Der Anschlag wurde also auf den Eustachius Layd, Mesner zu Steinenkirch gemacht, als auf welchen sie, wegen seines starken Umgangs mit den Jägern und aus andern Umständen einen Verdacht geschöpfet hatten, als ob er sie verrathen hätte. Der Schluß wurde als einmüthig gefaßt, seine Wohnung noch selbigen Nachmittag zu umringen. Nachdem er also das Haus von allen Seiten besetzen lassen, begab er sich selber mit noch einem seiner vornehmen Gesellschaft unter den grausamsten Flüchen hinein. Seine erste Frage war mit den fürchterlichsten Ausdrücken an die Kinder, wo ihr Vater wäre, gerichtet. Als ihm diese mit heftigen Thränen, daß er mit dem Jäger ausgegangen, geantwortet, gab er also fort Befehl, die Fenster einzuschlagen. Unter dem Getöse dieses Sturmes lief die hochschwangere Meßnerin herbey, und flehte auf den Knien vor das Leben ihres Mannes. Allein weder ihr Schreyen noch das Geheul von ihren fünf unmündigen Kindern war zur Zeit vermögend, das entbrannte Herz des Rachathmenden Hiesels zu erweichen. Er setzte der Mutter das aufgezogene Gewehr vor die Brust, und drückte selbiges unter den heftigsten Bedrohungen, ihren Mann unfehlbar zu erschießen, zweymal los. Diese fast unvermeidlich scheinende Todesnoth verdoppelte das Jammern und Klagen des Weibes und der Kinder; worüber Hiesel lachte und sie noch besser zu beten ermahnte, weil der Jüngste Tag eben kommen werde.

Nachdem er sich endlich an dem Angstgeschrey dieser Armen bey einer Stunde lang genug geweidet zu haben glaubte, so verließ er mit seiner gesammten Armee die eroberte und zerstöhrte Behausung seines Feindes, und zog sich wieder auf die Churbayrische Gehölze zu . . .«

So erzählt es der Biograph, der ihm alles eher als gut gesonnen ist, aber der andere schildert diesen Vorfall genauso, er beschönigt nichts, lediglich in einer Fußnote erwähnt er, diese Freveltat sei eine von jenen gewesen, die der Klostermaier Matthäus immer tief bereut habe. Der Studele jedenfalls habe das immer erzählt; nicht anreden habe man ihn darauf dürfen, dann sei er immer unleidig geworden und habe gesagt, *»das sollt ich der Kinder wegen nicht gethan haben!«* Solche Brutalitäten sprechen sich schnell herum, das kostet Sympathien, auch bei denen, die ihm bis jetzt wohlgesonnen waren und die Stange gehalten haben.

Ganz sind die Sympathien noch nicht verscherzt. Keiner hält ihn für einen gemeinen Räuber. Daß der Hiasl sich auch nur einen einzigen Pfennig mit Gewalt aneignet, ist bis jetzt nicht bekannt. Es wird ihm auch nie nachgesagt werden. Er will wildern, er will Hauptmann einer Wildschützenbande sein und nicht einer Räuberbande.

Er hat um diese Zeit immer noch Gönner, einer davon ist ein Vetter von ihm, der es zu etwas gebracht hat, der damalige kurfürstliche Medizinalrat und Leibarzt Dominikus Geyer in München. Er ist als Sohn eines Baders am 12. August 1719 in Kissing geboren. Dieser Mann will offensichtlich die Schande von der Familie abwenden, scheint auch mit dem Kurfürsten, Max III. Joseph, gesprochen zu haben, und schreibt deshalb um Ostern 1767 zwei Briefe nach Kissing, den einen an den Pfarrvikar Wolf, den anderen an seinen Schwager, den Bader Johann Maier. Er schreibt, der Hiasl solle nach München kommen, sich seiner kurfürstlichen Durchlaucht zu Füßen werfen, dann werde er nicht nur Verzeihung, sondern auch eine Anstellung als kurfürstlicher Jäger erhalten. Beide versuchen, den Hiasl zu überzeugen und dazu zu bewegen, diese Gelegenheit, diese letzte Gelegenheit zu nutzen. Er traut der Sache nicht, er wittert Verrat, den billigen Versuch, seiner habhaft zu werden. Zu allem Unglück kommt in einer Nacht von Friedberg her eine starke Streife kurbayerischer Soldaten, die ihn suchen und ausheben will. Klostermaier schläft im Helisenhaus, wird von Freunden gewarnt und geweckt und kann gerade noch in die Nacht entkommen. So geschehen Ende Juni 1767.

Noch einmal versuchen der Pfarrvikar Wolf, sein Vater, seine Schwester, den Hiasl auf rechte Bahnen zu bringen. Sie sagen ihm ein schreckliches Ende voraus, wenn er den Weg zurück in ein vernünftiges Leben nicht finde, und es hat den Anschein, als ob er jetzt endlich doch höre. Man bereitet seine Flucht in die Schweiz vor, man plant sie zumindest. Nur möchte er Abschied feiern von seinen Kameraden. Genau das dürfte nicht geschehen. Es kommt trotzdem dazu und zwar in einem Wald bei Augsburg, wohlüberlegt am 4. Juli, am Patronatstag des heiligen Ulrich, einem großen schwäbischen Feiertag, damit das Zusammentreffen nicht auffällt. Über vierzig Wildschützen versammeln sich, fast alle ohne Waffen. Er setzt sie von seinem Entschluß in Kenntnis. Auf alles sind sie gefaßt, auf solche Rede nicht. Es entsteht ein Tumult. Der Sattler ist außer sich vor Wut.

»›Kameraden!‹ rief er aus, nicht unser Hauptmann, sondern ein altes Weib steht heute vor uns! Dieser Feigling ... will uns verlassen ...!‹« Wüst beschimpfen sie den Hiasl; die Oberschreier sind der Sattler und der »Tyroler«, ein Wildschütz aus dem Vorarlbergischen. Gift und Galle speien die beiden, wütend schreien sie auf den Hiasl ein, einen Verräter heißen sie ihn, einen dreckigen Lumpen, einen Schuften. Fast kommt es zu einem halben Aufstand, bei dem man bald sein

eigenes Wort nicht versteht. Aber sie alle mögen schreien, was sie wollen, auf den Klostermaier macht es weiter keinen großen Eindruck. So will es jedenfalls die Überlieferung wissen. Nun versuchen sie es auf eine andere Art. Sie wissen, daß er eitel ist, und als sich der Sturm etwas gelegt hat, reden sie ihm zu. Jetzt sei er was, sagen sie, jetzt rede man von ihm, jetzt achte man ihn, ja, man fürchte ihn sogar. Jeder im Land weiß, wer der Bayrische Hiasl ist und vor allem, was er ist. Und jetzt so eine angesehene, ruhmvolle Laufbahn verlassen? Was er denn wolle, er könne ja eh nicht in ein Knechtsleben zurückkehren, das soll er sich doch ja nicht einbilden. Und wenn er es trotzdem tue, dann werde er es in kürzester Zeit erleben, daß kein Hahn mehr nach ihm kräht, daß er im Nu vergessen sein wird.

Es kommt, wie es kommen muß, wie es vorauszusehen ist. Das Ende dieser Zusammenkunft ist, daß er wieder einmal umfällt, alle guten Vorsätze fahrenläßt und halt doch auf seiner verhängnisvollen Bahn bleibt. Die letzte Chance ist vertan. Das Schicksal nimmt seinen Lauf.

Gewaltsame Raubereien und abscheuliche Lasterthaten

Man darf sich wohl die Bande des Matthäus Klostermaier, vulgo des Bayrischen Hiasl, nicht als eine geschlossene Einheit vorstellen. Das mögen einmal fünfzehn oder zwanzig Mann sein, das nächstemal sind es nur vier oder fünf, die ihn begleiten. Zu seiner Bande gehören nämlich auch ortsansässige Männer, die, sobald er einmal in ihrer Nähe auftaucht, bei ihm mitmachen, die aber die übrige Zeit die Wilderei auf eigene Faust im Alleingang betreiben.

Eine solche »Hausmacht« ist dem Hiasl ohne Frage zu Kopf gestiegen. Entsprechend übermütig ist er natürlich auch geworden. Jedenfalls verzeichnet der Chronist eine Geschichte, die im alten Kissing damals bald jedes Kind erzählt hat: ». . . *Hiesel war stets stolz darauf, so vielen Leuten gebieten und seine Macht zur Schau tragen zu können, und er suchte oft Gelegenheit, diesen hochmüthigen Regungen Befriedigung zu verschaffen. So zum Beispiel erschien er Anfangs Februar 1767 bei der Hochzeitsfeier des Michael Baumüller, des Bruders seiner Geliebten, zwanzig Mann hoch in Kissing. Bei dem Einzuge der Brautleute in die Kirche, sowie bei deren Auszuge bildete er mit seinen Leuten vor der Thüre Spalier; eben so bewegten sich die Wilderer während des Gottesdienstes, nämlich bei dem Opfergange, mit geschulterten Gewehren in Reih und Glied um den Hochaltar, was großes Aufsehen erregte.*«

Ein solches Risiko kann der Hiasl natürlich auch nur eingehen, weil es damals eben kein Telephon gibt, keine Funkstreife, keine schnellen Straßen. In jene Zeit fällt auch ein Treffen zwischen einer Jägerstreife und der Hiaslbande. In einem Wald bei Siebnach suchen türkheimische Jäger die Räuberbande: ». . . *zween von den Wildschützen trugen eben einen Hirschen, den sie gefället hatten, und eben in einem Busche versteckten, um sich sodenn in einem Buchwäldlein zu lagern, und mit dem Reste ihrer Leute das Mittagsmahl, welches Hiesel nebst zween andern aus dem benachbarten Dorfe herbey schafften, einzunehmen. Die Jäger lauerten deßwegen auf diese drey. Als sie Hiesel mit den Broden und dem Uebrigen gegen den Wald zu gehen sahen, riefen sie ihm sofort zu, Halt zu machen. An statt der Antwort aber ergriffen zween sogleich ihr Gewehr, und feuerten auf die Jäger. Diese zween Schüsse wurden kaum von den übrigen vernommen, als sie herbey rannten, und sich zur Gegenwehr ihren Gesellen beyfügten. Es geschahen von beyden Theilen über dreyßig Schüsse, wodurch auf Seiten der Feinde doch nur der Angelbergische Jäger am Kopf und Arm verwundet; Aber der Ganymed des Hiesels, oder der sogenannte Bube, Andreas Mayer, der eben mit einer Kanne Bier zu dem Gefecht kam, gefangen wurde.*

Mit dieser Beute zog sich das Jägercorps zurück in das Dorf, wurde aber unter beständigem Feuern vom Hiesel und seinen Leuten bis nach Elringen verfolget. Dem ungeachtet aber konnte Hiesel seinen Liebling oder den Buben; nicht erledigen, sondern er wurde nach Türkheim und von da auf Drey Viertel-Jahr in das Zuchthaus nach München gebracht . . .«

Der nächste Weg führt den Klostermaier in den Münsterhausischen Forst. Münsterhausen ist ein Markt an der großen Mindel im späteren Landgerichtsbezirk Krumbach. Kaum ist er in dieser Gegend, spricht sich das auch bei den Jägern herum. Weil aber nur zwei seiner Kameraden mit ihm gekommen sind, hält er sich etwas zurück. Als er jedoch erfährt, daß es zwei Jäger aus Münsterhausen auf ihn abgesehen haben, holt er sechs weitere Kameraden zusammen, macht regelrechte Jagd auf diese beiden, bekommt sie auch in seine Gewalt. Die Wildschützen gehen alles andere als zimperlich mit den beiden um, schlagen sie mit Gewehrkolben zu Boden, nehmen ihnen ihre Waffen ab, ziehen die Hähne der Gewehre auf und drohen ihnen, daß sie jetzt erschossen werden. Aber dann läßt der Hiasl die beiden laufen, er jagt sie weiter und droht, daß er mit dem Erschießen auf jeden Fall Ernst machen wird, wenn er sie noch einmal mit der Waffe in der Hand auf einer Streife erwischt. Da gäbe es kein Pardon mehr.

Nun ist es aus mit Edelmut und hehrer Gesinnung, jetzt gibt es keinen Ehrenkodex mehr, jetzt gibt es nur mehr nackte Brutalität. Und die Jäger stellen sich drauf ein. Zunächst verschaffen sich der Hiasl und seine Lumpen damit Luft, denn die Jäger wagen es nicht, gegen sie vorzugehen. Zudem sind sie in den meisten Fällen – im Augenblick jedenfalls – unterlegen. Im übrigen tut der Klostermaier Matthäus alles, um seine Todfeinde einzuschüchtern. Er verfährt dabei immer nach dem gleichen Rezept: Zuerst schauen, daß man seines Widersachers – möglichst allein – habhaft wird, ihn dann peinigen und demütigen, mit dem Tod bedrohen und schließlich unter wüsten Bedrohungen am Ende doch noch laufenlassen.

Diese Methode scheint ihm zunächst die Freiheit zu verschaffen, die er gerne möchte. Kleinere Streifen und Gruppen wagen es nicht, ihn zu stellen oder gar anzugreifen. Einzelgänger trauen sich das noch viel weniger. So treibt der Hiasl dieses Spiel weiter. Im Hochsommer 1768 wird der Jäger Leonhard Schenk von Wald von zwei Schützen gewaltsam in das Wirtshaus zu Schnerzhofen geführt, hin vor den Räuberhauptmann Klostermaier. Ihre gespannten Gewehre setzen sie ihm drohend auf die Brust, mit den blankgezogenen Hirschfängern fuchteln sie ihm vor dem Gesicht herum, der Hiasl herrscht ihn pöbelnd an, er solle ruhig stehenbleiben und sich nicht rühren, denn er müsse ihm jetzt die Nase wegschießen. Am Ende wird auch er unter Spott weitergejagt, es wird ihm gedroht, wenn er auch nur ein einzigesmal etwas gegen Schützen unternehme, würden sie ihm sein Haus anzünden.

All das geht wie ein Lauffeuer durch das Land. Solches Tun verhärtet die Fronten. Die Bauern feiern den Hiasl nimmer so oft, wenn er bei ihnen auftaucht, er wird ihnen unheimlich. Und die Jäger sind sich einig, keinem dieser Lumpen Pardon zu geben, mit jedem, den sie erwischen, kurzen Prozeß zu machen, und ihn ohne viel Federlesens einfach ins Jenseits zu befördern. Ein solcher Fall ereignet sich am 2. Dezember 1768 im Wald bei Thannhausen. Dabei gibt es den ersten Toten in der Auseinandersetzung zwischen der Hiasl-Bande einerseits, den Jägern und Soldaten andererseits. Die Antwort ist ein Wutgeheul der Wildschützen. Mit einem ausgeprägten Sinn für Dramatik versammeln sich der Hiasl und die Seinen an der Stelle, an der ihr Kamerad verblutet ist, und sie schwören Tod und Verderben dem Lahner Joseph, dem Pächter vom Hauserhof, denn er soll der Täter gewesen sein. Sie prügeln ihn auf seinem Hof nieder und als er wieder zu sich kommt, schlagen sie ihn gröhlend halbtot. Niemand glaubt mehr an sein Aufkommen. Das Unglaubliche allerdings geschieht doch. Allen Voraussagen der Ärzte zum Trotz erholt er sich nach wochen- und monatelangem Krankenlager. Über hundert Gulden kosten ihn Ärzte und Medizin und er bleibt ein elender Krüppel.

Der Kampf wird immer verbissener.

Im Dezember 1768 gerät der Hiasl in Bedrängnis, und zwar in einem Maierhof auf den sogenannten Krauthöfen, einem Weiler bei dem Schloß Kirchberg, am linken Ufer der Iller, in der Gegend von Ulm. Auf diesem Hof übernachtet der Klostermaier mit drei Kameraden;

als er nach dem Morgengrauen aufbrechen will, merkt er, daß er eingeschlossen, daß alle Ausgänge von einem Gräflich Fugger-Kirchbergischen Streifkorps besetzt sind. Es gelingt ihm, durch die Hintertür, die schwächer besetzt ist, zu entkommen. Die Jäger, die dort auf Posten stehen, geben Feuer, einer der Wildschützen stürzt tödlich getroffen zu Boden. Die Jäger, die glauben, die anderen Schützen seien schwer verwundet, laufen mit blanken Hirschfängern den Schützen nach. Da ziehen die Wildschützen ihre Büchsen auf, zwei Schüsse, der eine streckt einen Jäger nieder, der andere trifft den Büchsenspanner tödlich. Der Hiasl wird verwundet, aber er kann entkommen.

In seinem Urteil wird man dem Bayrischen Hiasl einmal alles vorhalten und aufrechnen, was er sich zuschulden hat kommen lassen, Punkt für Punkt.

Mit dem Jahr 1768 werden es bereits zehn Anklagepunkte.

»Im Jahre 1769
Unterstund sich Hiesel,

11.) den hochfürstlichen Forstmeister zu Frankenhofen, Johann Conrad Hasel, und dessen Knecht Johann Unsorg in dem Wald mit gespanntem Gewehr anzuhalten, mit Hieben und Schlägen auf das äusserste zu martern, und, nachdem er selbigen über eine Viertelstunde bis auf den Tod gepeinigt hat, endlich ihrer Kugelbüchsen, und Seitengewehre zu berauben.

12.) Anton Mösel, Jäger von Reichartshausen, bey dem Scheppacherhofe zugerichtet; indem er nicht nur allein durch des Hiesels boshafte Gesellen zu Boden geworfen, und derb abgeprügelt, sondern auch von dem Hiesel selbst bald mit dem gespannten Stutzen, bald mit entblößtem Seitengewehr, unter den fürchterlichsten Ausdrücken in die augenscheinlichste Todesgefahr versetzt worden.

13.) Hat Hiesel nicht nur allein dazu geholfen, wie ein kaiserl. königl. Werbsoldat zu Binswangen von dem baierischen Hansel durch einen Hieb an dem Kopf verwundet worden, sondern auch

14.) auf den daselbstigen burgowischen Zollner unter den schändlichsten Schmäh- und Drohworten seinen Stutzen angeschlagen, und

15.) eben daselbst auf die gegen ihn aus geschickte Streife Feuer gegeben. In der nämlichen Gegend hat selber mit seinen Kameraden

16.) den allhiesigen Furierschütz Joh. Michael Brenner auf der offentlichen Straße umrungen, durch den an ihn gehätzten Hund zu Boden gerissen, und unter Bedrohung, daß sie ihn umbringen, nicht allein mit Schlägen und Flintenstößen sehr übel hergenommen, sondern auch durch einen Hieb über den Kopf verwundet, und seines mit Silber bordirten Livreehuts beraubet.

17.) Einige Wochen hierauf mußten auch Wolfgang Mögele, Jäger zu Schönenberg, in dem Wirtshaus zu Ettenbeuren, und

18.) Johann Baptist Mang, Amtknecht zu Göggingen, auf offentlicher Straße ein eben so trauriges Schicksal empfinden; indem beede von dem Hiesel angepackt, und theils durch einen großen Fanghund, theils durch Seiten- und Schießgewehre so jämmerlich mißhandelt worden, daß erstern die davon getragenen vielen und gefährlichen Wunden, letztern aber die ausgestandene Todesangst in die gefährlichsten Umstände gesturzet . . .«

Schon in dieser Zeit ist von der Liebe und Zuneigung, die die Bauern dem Hiasl die Jahre vorher entgegengebracht haben, nicht mehr sehr viel übrig. Sie haben jetzt Angst vor ihm, er ist ihnen unheimlich. Diesen Gesinnungswandel muß auch der Hiasl mit Schrecken erkennen, in aller Deutlichkeit gegen Ende August 1769 in Deisenhausen, einem Dorf im Landgericht Krumbach.

Mit neun Kameraden erscheint er in diesem Dorf und kehrt im Wirtshaus ein; daß dort Hochzeit gefeiert und getanzt wird, stört ihn nicht. Er und die Seinen sind müd' und hungrig, sie gehen in die untere Gaststube, was die droben tun, ist ihnen gleichgültig, die Hauptsache ist, daß ihnen herunten zuerst aufgetragen wird. Und welcher Wirt hätte einen solchen Wunsch nicht erfüllt? Dann fließt Bier in Strömen, nicht nur oben bei der Hochzeit, sondern auch unten beim Hiasl und seiner Bande. Leise geschieht das nicht. Nur einer muß seinen klaren Kopf behalten, kann nicht mitmachen, der Sattler, er muß draußen fleißig Wache halten, und um Wirtshaus und Dorf patrouillieren. Ihm fallen einige Leute auf, die geschäftig von Haus zu Haus laufen, unter ihnen der Amtsdiener. Er wird unruhig, es ist ihm nicht ganz geheuer, er geht ins Gasthaus, um seinem Hauptmann Bescheid zu sagen. Als er in die Stube kommt, steht es kurz vor einer handfesten Rauferei. Im Saal oben ist es natürlich nicht verborgen geblieben, daß die Wildschützen unten in der Gaststube sind und jetzt drängen Burschen zur Tür herein, schimpfend, schreiend, pöbelnd. So etwas haben die Schützen noch nie erlebt: Ihnen die Tür zu weisen, das hat sich noch nie einer erlauben dürfen, erlauben können. Mit Prügeln und Mistgabeln haben sie sich bewaffnet. Noch wird die Auseinandersetzung mit dem Maul geführt und nicht mit den Fäusten. Dem Wirt und dem Hiasl gelingt es im letzten Augenblick noch, eine handfeste Rauferei zu verhindern. Auf diese beiden Respektspersonen hört man. Murrend setzen sich die Schützen an ihre Tische, verziehen sich die Burschen aus der Stube. Die Stubentür ist noch nicht zu, da läuten die Glocken vom Kirchturm Sturm. Die Wildschützen greifen zu ihren Waffen, stürzen ins Freie, stellen sich mit dem Rücken zur Hauswand und sehen sich einem Haufen von Bauern gegenüber, die mit Sensen und Hacken, Mistgabeln und Prügeln auf sie losgehen. Steine tragen sie als Waffe in den Fäusten. Die Schützen richten ihre Stutzen auf den zusammengerotteten Bauernhaufen, die Hähne knacken drohend und lauthals schreit der Hiasl, daß jeder rücksichtslos zusammengeschossen werde, der sich noch einen Schritt näher wage. Da stutzen die Bauern. Als ihnen der Sattler dann eine Kugel über die Köpfe jagt, rennen sie Hals über Kopf davon. Der Hiasl und die Seinen können ungehindert abziehen. Der Klostermaier ist empört und schreit den Deisenhausern die übelsten Drohungen nach, er werde kommen und dann werde er es ihnen schon zeigen, dann werde er sie so herumlassen, daß man in hundert Jahren noch davon spreche.

Die Deisenhauser nehmen diese Rede schon ernst, das müssen sie auch nach den Erfahrungen, die man landauf, landab mit der Hiaslschen Bande gemacht hat. In ihrer Not schicken sie schon am nächsten Tag dem »Fürsten der Wälder« eine Deputation nach, Männer, die am Tag vorher nicht mitgemacht haben. Die Abordnung, mit dem Wirt an der Spitze, findet den Hiasl, wird von ihm kalt und abweisend empfangen. Er steigert sich erneut in Rage, wutverzerrt brüllt er sie an. Er kann es nicht verwinden, daß sich Bauern zum erstenmal ganz offen gegen ihn aufgelehnt haben. Seine Eitelkeit ist zutiefst getroffen. Aber der Wirt und die Bauern beteuern ihm hoch und heilig die Unschuld der Bevölkerung, die Bauern hätten gar nichts gegen ihn, sie seien gezwungen worden; der Obervogt sei der wirklich Schuldige, er habe die

Bauern hineingetrieben und was können denn arme Bauersleut' schon tun, wenn er das befehle. Da ist der Hiasl wieder froh und zufrieden. Er bietet ihnen wieder seine Freundschaft an, die Abordnung kehrt freudestrahlend und erleichtert heim. Der Haß der Schützen richtet sich nun ganz auf den Obervogt, und schon deshalb kehrt der Hiasl in Kürze nach Deisenhausen zurück.

Der Klostermaier verstärkt zunächst seine Bande, dann marschiert er los. Der Obervogt wird gerade noch rechtzeitig gewarnt, er läßt im Erdgeschoß die schweren Fensterläden schließen, sämtliche Haustüren des Amtshauses von innen verrammeln, alle seine Leute bewaffnen und an den Fenstern im ersten Stock in Bereitschaft stehen. Sie müssen nicht lange warten, da kommt der Klostermaier mit vierzehn Mann, um zum Sturm anzusetzen. Als er aber sieht, daß man hier auf einen Angriff wohl vorbereitet ist, stellt er seine Schützen mit feuerbereiten Gewehren um das Haus herum auf, damit keiner der Verteidiger zum Schuß kommt. Die anderen werfen ungestört mit Steinen und Prügeln die Fenster im ersten Stock ein, rufen dem Obervogt wüste Schimpfworte zu und zum Ende brüllt der Hiasl zornig zum Haus hinauf, daß er ihn in Bälde höchstpersönlich mit Pulver und Blei dem Teufel in die Hölle schicken werde.

Um diese Stunde ist kein Deisenhausener zu sehen, alle haben sich ängstlich in ihre Häuser verkrochen.

Wie gesagt, die Klostermaiersche Bande ist nicht immer gleich groß. Überall hat der Hiasl seine Schützen und von einigen wenigen ständigen Begleitern abgesehen, rekrutiert sie sich im allgemeinen auch aus der jeweiligen Gegend. Es kommt sogar vor, daß der Hiasl einmal allein auf dem Weg ist. Wenige Tage nach der Affäre in Deisenhausen ist das der Fall. Er kommt nach Thannhausen, hält dort, wie immer, im Wirtshaus »Zum Stern« Einkehr und ahnt nicht, daß eine größere Streife auf der Jagd nach ihm ebenfalls auf dem Weg nach Thannhausen ist. Wieder einmal helfen ihm die Einheimischen, denn sonst wäre es diesmal wohl um ihn geschehen. Ein Leiterwagen, mit Stroh beladen, drunterdreingepackt der Hiasl, ein paar Rösser davor gespannt, ein Geißelschnalzen und schon rollt der Räuberhauptmann zum Markt hinaus, vorbei an den einrückenden Soldaten.

Es kommt aber auch zu offenen Auseinandersetzungen. Nicht immer ist es nur ein Katz- und Mausspiel. Sicher, es ist schwer, über Landesgrenzen hinweg einen so berüchtigten Räuber zu jagen, und Grenzen sind hier auf Schritt und Tritt: hier österreichisches, dort bayerisches, hier Bischöflich-Augsburgisches, dort Roggenburgisches Gebiet mit einem reichsunmittelbaren regierenden Prälaten, hier Fuggerisch-Dietenheimische, dort Gräflich-Fuggerisch-Kirchbergische Herrschaft, hier Fürstlich-Kemptisches, dort Gräflich-Zeil-Wurzbachisches Territorium. So eine Aufzählung ließe sich um einiges verlängern.

Nun, es kommt auch zu offenen Begegnungen, zu Auseinandersetzungen, mit Siegern und Besiegten.

Am 14. September 1769 taucht der Bayrische Hiasl mit drei seiner Kumpane im Wirtshaus in Breitenthal auf. Sie waren auf ihrem Weg dorthin entdeckt und der hohen Obrigkeit gemeldet worden, und so marschiert vom nahen Roggenburg eine Streife an. Diese Streife wird nun wieder dem Hiasl verraten, der denkt nicht daran, sich zurückzuziehen. Er fühlt sich stark und dieser Streife gewachsen, obwohl sie zahlenmäßig etwas überlegen sein soll. Der Hiasl und die Seinen stellen sich schußbereit vor dem Wirtshaus auf, um sie würdig zu empfangen. Die Streife taucht hinter den Häusern auf, sieht die Schützenbande und zieht sich zurück. Das macht die Wildschützen übermütig, sie greifen an, die Streife zieht sich nicht mehr zurück, sie flieht. Der sogenannte »Bayrische Hansel« schießt auf einen Soldaten, verfehlt ihn gottlob. Der Klostermaier kann den Korporal Denklinger einholen und zum Gefangenen machen. Mit der flachen Klinge seines Hirschfängers prügelt ihn der Hiasl durch. Und weil ihm die Einheimischen erzählt haben, der Korporal nehme immer das Maul recht voll und erzähle, er sei unverwundbar, schlägt er ihm mit einem leichten Hieb in den Arm, nicht um sich zu verteidigen, vielmehr aus purem Übermut. Im Siegesrausch kehrt er ins Wirtshaus zurück und nimmt nun seinerseits das Maul recht voll, er werde es denen schon zeigen und bei solchen Soldaten wäre es eh keine Kunst, nach Roggenburg zu marschieren.

Am nächsten Tag hält er tatsächlich Wort und steht mit vier Wildschützen im Wirtshaus in Roggenburg, fordert vom Wirt ein Mittagessen, aber der zeigt ihm einen hochherrschaftlichen Befehl, demzufolge er schwere Strafe zu erwarten habe, wenn er den Hiasl oder einen seiner Leute bewirte. Der Klostermaier spottet, den Küchen- und Kellerschlüssel werde er schon finden. Während der Wirt die Schützen händeringend bittet, das Wirtshaus zu verlassen, ihm doch keinen Ärger einzubrocken, erscheint ein Abgeordneter des Oberamtes und richtet dem Hiasl aus, er solle sich ohne Zögern entfernen. So ein Ansinnen ist für einen selbstbewußten Räuberhauptmann ehrenrührig,

1. Bayrischer Hiesel.
2. Andreas Mayr, sein Bub.

Göggingen
Post Hansel
6. Joh. Georg Brandmayr.
7. Urbanus Lehnherr.

Seite 57:

Der Bayrische Hiasl und seine Leute werden ins Gefängnis von Buchloe gebracht.
Ausschnitt aus einer Radierung von Johann Georg Lorenz Rugendas.
Im Besitz des Deutschen Jagdmuseums, München.

Seite 58/59:

Auf einem Kälberschlitten werden der Bayrische Hiasl und seine Bande abgeführt.
Oben: Der Hiasl und seine Leute nach der Festnahme.
Radierung von Johann Martin Will.
Sammlung Tobler, Stäfa/Zürichsee.

so einem Befehl kann er nicht Folge leisten, ohne sein Gesicht zu verlieren. Also lacht er schallend, verkündet, daß er im Traum nicht daran denke, geht vor die Haustür, schlägt sein Gewehr auf die unter dem Tor stehende Wache an und herrscht sie an, er werde unverzüglich schießen, wenn sie sich nicht augenblicklich zurückzieht. Die Wache zieht sich tatsächlich zurück, den Abgesandten grölt er an, er solle dem Oberamt melden, daß er gar nicht daran denke zu gehen, im übrigen solle er ruhig ein Kontingent schicken, dann dürfe er aber nicht vergessen, die entsprechenden Wägen mitzuschicken, um die Toten und Verwundeten zurückbringen zu können. Anschließend allerdings werde er dann höchstpersönlich den hochwürdigen Herrn Reichsprälaten in seinem Zimmer erschießen und zum Teufel schicken. Die Wohnung des Prälaten sei für ihn, den Hiasl, gerade gut genug.

Für das Jahr 1769 bleibt noch etwas nachzutragen. Heutzutage würden Journalisten auf so einen Räuber, falls ein solches Räuberdasein überhaupt möglich wäre, vielleicht erfolgreicher »Jagd« machen als die Polizei. Jeder Reporter würde seinen ganzen Ehrgeiz dreinsetzen, den Lesern von einem Interview mit dem gesuchten Räuberhauptmann zu berichten. Nun, damals lesen nur wenige Zeitungen, dafür spielt das Flugblatt noch eine große Rolle. Der Name des Matthäus Klostermaier, vulgo des Bayrischen Hiasl, verbreitet sich in jener Zeit mehr und mehr, sein Ruf dringt bis weit über die vielen schwäbischen und die weiß-blauen Grenzpfähle hinaus in fremde Länder. Die Zeit, in der sich ein Flugblatt vom Hiasl oder gar mehrere lohnen könnten, scheint gekommen: »*... Um nun diesem allseitigen Verlangen einige Befriedigung zu verschaffen, hatte sich der Maler Lander längst vorgenommen, den Wildschützenhauptmann aufzusuchen, um ihn zeichnen zu können. Nach lange vergeblicher Mühe traf er ihn endlich im März 1769 in einem Wald, unweit Göggingen, und Hiesel, welcher schon vorher von diesem Besuche unterrichtet war, nahm ihn sehr freundlich auf und ließ sich gegen eine ansehnlich ihm dargebotene Summe auch wirklich zeichnen, was einen vollen Tag in Anspruch nahm, während welcher Zeit seine Leute fleißig Wache hielten. Lander besaß bereits das Portrait des Buben, den er eigenhändig in Türkheim gezeichnet hatte und ließ daher das Bild desselben neben Hiesel erscheinen. Söckler in München verfertigte hierauf alsbald nach dieser Zeichnung einen Kupferstich. ›... Dieß ist das Bild, auf welchem uns Klostermaier mit seinem Buben und großen Hunde jagend in einem Walde erscheint ...‹*«

Der Lehrer von Kissing, Johann Nepomuk Nöggler, stellt fast hundert Jahre später fest, daß das Porträt sehr treffend sein muß, und er hat eine köstliche Begründung dafür. »... *daß die Zeichnung meisterhaft vollführt war, dafür dürfte heute noch der Umstand bürgen, daß einer von Klostermaiers Sprößlingen mit fraglichem Bilde eine überraschende Aehnlichkeit besitzt* ...«

Im übrigen hat dem gleichen Lehrer Nöggler der alte Studele erzählt: »*Hiesel war ... nicht wenig stolz darauf, daß sein Portrait weit und breit gesucht und gekauft wurde ... Als er in diesem Jahr zur Zeit der Herbstdult in Augsburg vernahm, daß sein Bild im vergrößerten Maßstabe in dieser Stadt an einem Schaufenster ausgestellt sei, hatte er die Kühnheit, sich persönlich hievon zu überzeugen. Verkleidet und im Gesicht etwas entstellt, begab er sich dorthin, drängte sich durch die Menge, die das Bild umstand, und war nicht wenig erfreut über die Sympathien, die da für ihn an den Tag gelegt wurden*...«

Boshafteste Gewaltthat und die Vollendung der Lasterbahn

Auch die Schandtaten dieses Jahres werden dem Malefikanten Hiasl im Urteil einmal aufgerechnet und dabei ist sicher eher ein Fall nicht aufgezählt, als daß man ihm einen zuviel vorgehalten hätte. All die Jahre hat man dem Klostermaier einundzwanzig Verbrechen nachgezählt, im letzten Jahr 1770 bis zum 14. Januar 1771 kommen noch neunundzwanzig dazu.

»Mit dem Jahre 1770
wuchsen auch die Verbrechen dieses Ungeheuers. Gleich die ersten Täge dieses Jahres bezeichnete er mit der boßhaftesten Gewaltthat, indem er

22.) zu Buchloe auf erhaltene Nachricht, daß einige Soldaten von der Zuchthauswache gegen ihn ausrücken, sich geflissentlich entgegen gesetzet, und theils unter die Streife, theils in die umliegende Häuser Feuer gegeben, auch wirklich hiedurch die zween Gemeine Hollenz und Dormayr Todes gefährlich verwundet hat.
Nachdem er nun den Markt Buchloe verlassen, überfiel er

23.) auf offentlicher Straße den Amtknecht von Blauhofen Georg Deufler, und peinigte ihn unter Ausstoßung gotteslästerischer Reden und Bedrohungen auf eine recht barbarische Weise. Dem Amtknecht gelung es zwar, den Hiesel selbst zu Boden zu werfen; allein die Hülfe seiner übrigen Kameraden machte ihn alsobald wieder los. Worauf Hiesel demselben erst die derbesten Schläge und selbst so viele und gefährliche Wunden versetzte, daß der Elende ganz gewiß ein Schlachtopfer der Grausamkeit hätte werden müssen, wenn nicht sein alter Vater, und einige Wasenknechte mit Hunden zu Hülfe geeilt hätten.
In dem nämlichen Jahre, und

24.) Mußte der Markt Buchloe die Ausgelassenheit des Hiesels nochmal erfahren, da er zu Nachtszeit einem auf der Post angekommenen Fremden hart begegnet, die im Amthause gestandene Wache unter den schmählichsten Schimpfworten herausgefordert, und auf das Amthaus selbst fünf Gewehre losgebrannt hat. Die entsetzliche Frevelthat, worauf sich Hiesel verirret, führet nun zu ferneren Mordgeschichten, da er nämlich

25.) bei dem Pferser Steg einer Reichstadt-Augsburgischen Streife mit geflissentlicher Bosheit entgegen gegangen, und sich des an dem Musketier Leitner verübten Todschlages theilhaftig gemachet, und

26.) nicht lange darnach zu Kellmünz, nachdem er den ganzen Tag mit den verächtlichsten Bubenstücken zugebracht, die ihm verrathene churbaierische Streife fürsetzlich abgewartet hat. Alle Ermahnungen, daß er derselben entfliehen solle, waren umsonst: denn kaum war die Streife gegen das Wirthshaus angerücket; so gab er auf selbe Feuer, und legte einen Gemeinen von dem Freybataillon plötzlich auf die Haut. Mit diesem noch nicht begnüget, frischte er auch seinen Buben zur nämlichen Mordsucht an, und machte sich andurch des zweiten Todschlages, und mehrer schweren Verwundungen schuldig.

27.) Hat derselbe zu Ebenhofen unter einem großen Auflauf im Wirthshause Tische, Stühle, und die Kellertreppe muthwillig zerhauen, dem Wirth, der in den Keller entflohen, mit gespanntem Gewehr aufgepasset, und demselben sowohl, als dessen geistlichem Bruder den Tod gedrohet. Nicht minder ist

28.) auf dessen Geiheiß Jakob Schiek, Jägersknecht von Berkheim, in dem Wirthshause zu Straßberg seines Dienst- und Seitengewehres beraubet, und mit dem empfindlichsten Gewalt angefallen worden. Nachdem er hierauf das untere Schwaben verlassen, füllte er auch die oberen Gegenden mit lauter Frevelthaten an. . .«

Der Punkt neunundzwanzig ist bis zu einem gewissen Grad ein Sonderfall, jedenfalls stellt sogar das Gericht in seinem Urteil fest, daß bei diesem Anlaß der letzte »*Rest der Menschlichkeit in dem Hiesel selbst erwecket*« worden sei. Seine Biographen nehmen ihrerseits diesen Vorfall zum Anlaß, das Honorig-Noble in der Gestalt der Matthäus Klostermaier entsprechend zu würdigen.

Man muß es sich immer wieder vor Augen halten, er wildert und ist der festen Überzeugung – zumindest redet er sich das solang ein, bis er es selber glaubt – daß das sein gutes Recht ist. Die Bauern glauben ihm das auch, sie sind froh, daß wenigstens einer das Wild dezimiert, denn der Wildschaden macht ihnen genug zu schaffen. Die hohe Obrigkeit und damit die Jägerschaft ist hierin anderer Meinung, und der landvogteiische Revierjäger Eustachius Bitsch versucht es dem Hiasl und den Seinen nicht gerade zu erleichtern.

Eines Tages nun sieht sich der Revierjäger Bitsch dem Bayrischen Hiasl und noch vieren seiner Kameradschaft gegenüber. Sich in eine Auseinandersetzung einzulassen, ist für ihn sinnlos. Er versucht zu entkommen, es wird Jagd auf ihn gemacht. Die vier können ihm den Weg abschneiden, und führen ihn gefangen vor ihren Räuberhauptmann. Dem Jäger wird das Gewehr abgenommen. »*. . . Alsdann hetzte er unter den allerzierlichsten Flüchen und schrecklichsten Bedrohungen seinen Hund an ihn; der ihn auch sofort zu Boden riß, und ihm einige gefährliche Bisse beybrachte. Gleichwohl gelang es ihm endlich, sich dieser wilden Bestie zu erledigen, und sich wieder auf die Flucht zu machen. Allein der Weg ward ihm von den vier Wildschützen, die ihm überall mit bloßen Hirschfängern begegneten, verrannt. . .*« Sie schlagen ihn nieder, lassen ihn ohnmächtig liegen, wollen gehen, merken, daß er wieder zu sich kommt, schlagen ihn erneut nieder, hetzen wieder den Tyras auf ihn. Und nun regt sich das Edle im Räuberhauptmann Klostermaier. »*. . . der Zustand aber, worein sie den armen Mißhandelten gesetzt hatten, war diesesmal gar zu elend, und von einer solchen Art, daß er auch bey Hieseln selber Mitleid und Erbarmung zu erregen fähig war; Leidenschaften, welche er bis daher entweder gar nicht empfunden oder wenigstens geflissentlich unterdrückt zu haben schien. Er streute ihm also zu Stillung des Blutes, wie ein anderer barmherziger Samariter, Schießpulver in die Wunden, und riß, ihn zu verbinden, ein Stück von seinem eigenen Hemde: ja er gieng in seiner dießmaligen Leutseligkeit so weit, daß er einigen von seinen Gesellen befahl, den auf den Tod verwundeten Jäger in das Dorf zu einem Bader zu bringen und vor seine Kur Sorge zu tragen . . .*«

Der Jäger bittet angeblich, daß man ihn nicht zum Bader bringe. Darauf ziehen der Hiasl und die Seinen ab, drohend, pöbelnd, gröhlend. Er ist aber halt trotzdem ein edler Mann. Über die Tatsache, daß er ein Stück von seinem eigenen Hemd herunterreißt, um den bös verwundeten Jäger zu verbinden, könnte man ja fast vergessen, daß er ihn zuerst niedergeschlagen, daß er den Hund auf ihn gehetzt hat. Und wenn man so etwas vergißt, dann kann man ihn ja gleich neben den barmherzigen Samariter stellen oder hinter den heiligen Martin.

Aber sogar diese Barmherzigkeit ist schnell verflogen, wir brauchen nur im Urteil weiterzulesen.

»Noch grausamer wurde

30.) Johann Hildebrand Zollner zu Unterkirchberg behandelt. Hiesel drang in Begleitschaft 7 bewaffneter Kerls mit Gewalt in dessen Behausung ein, riß ihn heraus, ließ ihn durch seinen Hund zu Boden werfen und jämmerlich zerfetzen. Und, nachdem er ihn durch Hiebe und Flintenstöße fast bis auf den Tod gemartert hatte, schleppte er ihn bis auf die Illerbrücke hinaus, und würde ihn ohne Zweifel in das Wasser geworfen haben, wenn nicht ein anderer von der Bande es noch vermittelt hätte.

Auf die nämliche Weise begegnete er

31.) dem landvogteyischen Streifer Bernhard Merk bey dem sogenannten Spitalschneider zu Leitkirch, und

32.) dem Joseph Gallosch, Bauer zu Rieden Gräfl.-Zeil-Wurzbachischer Herrschaft, deren erstern er ebenfalls mit Landesfriedbrüchiger Mißhandlung in die traurigsten Umstände versetzte, letzterem aber in das Haus einfiel, und, als er ihn zum Glücke nicht angetroffen, alle Fenster und Hausgeräthschaft zerhauete, und zerschlug, dessen Eheweib, und alten Vater aber mit den ausgelassensten Schreckworten ängstigte.

In der nämlichen Gegend wurde

33.) Anton Werz, Reichsgräfl. Wurzbachischer Jäger in St. Johann, von dem Hiesel und seiner Bande im Haus überfallen, und ihm ein Kugelstutzen, eine Flinte, Hirschfängerkuppel, ein paar Handschuh, ein Schrotbeutel, sammt einem Schweißhund gewaltthätig abgenommen. Hiesel mußte zwar hierauf den ihn aufsuchenden Streifen entweichen. Er setzte aber andere Gegenden in neuerliche Unruhe. Dann

34.) hat er nicht nur allein den Mathias Geyer, Jägers Sohn von Waldberg, sondern auch

35.) den Zenno Berger, Jägersjung von Wildenroth, in dem Forst angefallen, sehr hart gepeiniget, und ihrer Schieß- und Seitengewehre beraubet. Gleich darauf, und

36.) Ließ Hiesel durch 3 seiner Kameraden den Ueberreuther zu Wildenroth gewaltsam ausrauben, wodurch desselben Mutter in Todesängsten versetzt worden ist.

37.) Mußten auch 3 Soldaten des hiesig hoch-fürstl. Contingents die Grausamkeit dieses Erzbösewichts empfinden: sie wurden nämlich eben zur Zeit, wo sie in der Feldarbeit begriffen, folglich mit keinem Gewehr versehen waren, auf dem offentlichen Felde bei Untermeitingen überfallen, und theils von dem Hiesel und seiner Bande selbst mißhandelt, theils aber durch den großen Hund so erbärmlich zugerichtet, daß einem davon durch die vielen Bisse mehr dann 8 gefährliche Wunden zugefügt worden sind. Fast gleiche Grausamkeit verübte selber

38.) an einem fremden Kramer zu Ingenried im Wirthshaus, welchem nebenbey etliche paar Schuhschnallen diebischer Weise entfremdet worden, und

39.) an einem kaiserlichen Werbsoldaten bei dem untern Wirth auf dem Lechfeld; nicht weniger

40.) an 2 Reichsgottshaus irseeischen Soldaten in dem Wirthshaus zu Ketterschwang. Wie er dann auch

41.) zween Schreibern des Pflegamts Buchloe Namens Joseph Egger, und Anton Spiri die Flinten sammt Hirschfängern und Kuppeln auf offentlicher Straße gewaltsam abnehmen ließ.
Seine ausgelassenste Bosheit erstieg endlich die äußerste Stuffen: indem er sogar die Obrigkeiten, und andern Herrschaftlichen Diener mit der gewaltsamsten Raub- und Mordsucht anzufallen sich nicht gescheuet hat.
Der traurige Zufall, welcher dem Hospital-Augspurgischen Obervogt Joh. Bapt. Heß zu Tefertingen begegnet ist, war hievon eine leidige Probe . . .«

Das ist der Fall zweiundvierzig.

16. November 1770. An diesem Tag werden von dem Amt Täfertingen, nicht weit von Augsburg, der Sattler Joseph Ortlieb von Großkitzighofen, der Bräuknecht Erasmus Sauer von Zusmarshausen und der Tafernwirt Joseph Säckler von Hirblingen mit »Civilarrest« bestraft, weil sie als Falschspieler angezeigt worden sind. Am anderen

Tag vormittags gelingt es Ortlieb und Sauer, zu entkommen. Sie sind empört, daß man sie bestraft hat, beziehungsweise bestrafen hat wollen, wo sie doch durchaus, vollkommen und überhaupt unschuldig sind, oder sich zumindest unschuldig fühlen. Voller Entrüstung gehen sie nun nicht heim, sie machen sich vielmehr auf den Weg, den Bayrischen Hiasl zu suchen, denn dieser Ehrenmann ist der einzige, der einen Sinn für Gerechtigkeit hat; er allein kann ihnen Genugtuung verschaffen. Sie finden ihn, sie klagen ihm ihre Not. Rächende »Justitia« zu spielen fällt dem Klostermaier Matthäus gar nicht schwer, denn der Amtsschreiber Sauter von Täfertingen gehört seit langem zu seinen auserkorenen Lieblingen. Vorher werden die beiden noch zu Ehrenmitgliedern ernannt, es ist ihr ureigenster Wunsch, und dann macht sich die Räuberbande auf den Weg. Der Hiasl hat das unstillbare Bedürfnis, dort Richter zu sein, wo man über ihn längst den Stab gebrochen hat.

Am 14. Dezember 1770 ist es dann soweit. Der Obervogt Johann Baptist Heß, der Schreiber Sauter und der Untervogt Seiler arbeiten in der Schreibstube. Der Klostermaier rückt mit siebzehn Mann – an anderer Stelle heißt es mit zwölf Mann – an und besetzt das Amtshaus. Der Untervogt hat den Hiasl und seine Bande kurz vorher entdeckt, zu spät um zu fliehen, für den Schreiber Sauter noch früh genug, um sich hinter einem Verschlag verstecken zu können. Der Sattler Joseph Ortlieb, von seinem Zivilarrest her schon mit den räumlichen Verhältnissen vertraut, dringt mit einigen Schützen als erster in die Amtsstube ein. Ihm geht es um das Geld, das man ihm am 16. November abgenommen hat, und das fordert er nun zurück. Aber zu einer Antwort haben der Obervogt und der Untervogt gar keine Zeit mehr. Die Horde fällt über die Schreibpulte her. Der Obervogt muß sie öffnen und alles Bargeld, das darin liegt, wandert in die Taschen der Schützen. Im dritten Pult liegen die Gelder der Herrschaft, und der Obervogt weigert sich, das Pult zu öffnen und sie herauszugeben. Einer der Schützen schlägt ihm daraufhin rücksichtslos mit der flachen Klinge seines Hirschfängers so auf die Hand, daß sie stark blutet. Die Frau des Obervogtes stürzt sich in das Gewühl, sie möchte ihrem Mann zu Hilfe kommen, versucht, die Schützen von dem Plündern abzuhalten. Umsonst! Die Wildschützen setzen ihr die Gewehre auf die Brust, ziehen die Hähne auf, fuchteln ihr mit dem Hirschfänger vor dem Gesicht herum, drohen ihr mit dem Tod. Wenn sie sich auch nur im geringsten widersetzen sollte, dann werde sie und ihr Herr Gemahl, der

Obervogt, von ihnen höchstpersönlich ins Jenseits befördert. Dann befiehlt der Hiasl, sie solle vorausgehen und jeden Schrank, jede Kommode, jede Truhe aufsperren; ausgenommen bleiben nur die »Heiligenschränke«. Es kommt zu einer schamlosen Plünderung, bei der dem Obervogt sogar die Taschen umgekehrt werden. Als nichts mehr zu rauben, zu finden ist, reißen sie ein Schwert, das zum Schmuck an der Wand hängt, herunter, werfen es auf den Boden, trampeln darauf herum und schreien: »Wo ist der Schreiber Sauter?« Aber sie können schreien soviel sie wollen, sie können drohen, daß er heut' noch sterben soll und sie können ihn verwünschen, finden können sie ihn nicht.

Damit ist diese Geschichte noch nicht zu Ende. Der Untervogt hat fliehen können. Das ist in dem Trubel zunächst nicht aufgefallen. Aber jetzt will dieses Räubergesindel auch ihn heimsuchen. Diese finsteren Gestalten schreien die Frau des Untervogtes Seiler an, wo denn ihr Mann sei. Sie weiß es nicht. Daraufhin dringen sie in das kleine Häusl ein, um auch hier zu plündern, aber da kommt, gerade noch rechtzeitig, der Hiasl, und donnert seine Schützen an, sie sollen nichts, aber auch gar nichts berühren, der Untervogt sei ein armer Teufel, der selbst nichts habe.

An diesem stürmischen Tag arbeiten viele in den sogenannten Amtsstädeln von Täfertingen, das Zehentgetreide zu dreschen, und sie alle hätten es nicht wagen dürfen, dem Obervogt zu Hilfe zu kommen; Dreschflegel sind eine schlechte Bewaffnung gegen Stutzen. Außerdem ist unter diesen Dreschern ein gewisser Georg Gschwill, der die drei Falschspieler am 16. November hat bewachen müssen. Auch ihn suchen die Wildschützen, finden können sie ihn nicht, denn Knechte haben ihn unterm Stroh versteckt.

Dann endlich versammelt sich die Bande wieder vor dem Amtshaus. Der Hiasl und die Seinen brüsten sich noch, daß sie es jetzt dem Gerichtsvogt zu Kriegshaber, einem Dorf, das eine Wegstunde vor Augsburg liegt und damals größtenteils von Juden bewohnt wird, zeigen werden, daß sie es dort noch ärger treiben werden als hier. Dann geht der Hiasl mit zwei seiner Schützen noch einmal in die Amtsstube, um den Obervogt Heß zu zwingen, seine eigene alte Flinte und einen mit Silber beschlagenen Hirschfänger zurückzukaufen, mit fünfzehn Gulden auszulösen. Heß weigert sich. Daraufhin tobt und schreit der Klostermaier den hohen Herrn an. Was er gesagt hat, verzeichnen die Gerichtsakten: »*Hund, ich sage dir, was ich heute hier gethan, ist rechtliche Sache; ich habe dir nur das Blutgeld abgenommen, das du armen*

Leuten mit Gewalt und auf die ungerechteste Weise abgeschunden hast! Bald werde ich wieder kommen und wenn ich bis dahin höre, daß du mich als einen Räuber ausschreiest, über das Vorgefallene Lärmen machst und die Sache zur weitern Anzeige bringst, oder daß ich vernehme, daß dein sakramentischer Schreiber heute anwesend war und du ihn verleugnet hast, dann mußt du sterben, und auch deine Leute werde ich in die Hölle schicken; vorher werde ich mir aber noch 1000 Gulden als Satisfaktion ausbezahlen lassen!«

Als dann die Räuberbande endlich abzieht, fehlen, eidlich geschätzt, 2102 Gulden.

Betrachten wir seine letzten Schandtaten noch einmal durch die nüchterne Aufzählung in der Urteilsbegründung. Schon drei Tage nach dem Überfall in Täfertingen hört man von neuen Freveltaten.

»43.) ließ er dem Franz Schleißheimer Amtknecht von Agawang mit einer unerhörten Mordsucht begegnen. Von Unternefsried, wo selber aus dem Wirthshaus mit Gewalt herausgenommen wurde, bis an das Dorf Agawang war fast jeder Schritt eine neue Mißhandlung. Flintenstöße und todesgefährliche Hiebe folgten immer einer auf den andern; und, obschon der Amtknecht unter der Last der Wunden ganz fühllos dahingesunken, wurde die Wuth dieser Mörder noch nicht genug abgekühlet: vielmehr stürmeten sie mit gedoppelter Grausamkeit auf ihn zu, und stoßten ihm den Hirschfänger durch den Leib.

Acht Wunden auf dem Kopf, worunter drey todesgefährliche, mehrere Hiebe an der linken Hand, wodurch 2 Finger fast gänzlich abgehauen, und die 3 übrigen stark verletzt waren, ein Stich durch die Balle der Hand, mehrer derley durch beyde Füsse, und endlich eine tödtliche Wunde an der linken Seite des Leibes, würden noch nicht erklecket haben, wenn nicht ein in dem Dorfe entstandener Auflauf den elend Verwundeten der Raserey dieser Bösewichte entrissen häte. Hiedurch wurde aber Hiesel gegen das Volk und besonders gegen den Pfarrherrn des Orts heftig, und solchergestalt aufgebracht, daß er unter ersteres losgefeuert, den Pfarrhof aber mit seinen Leuten gänzlich überzogen, hineingeschossen, Fenster und Kreuzstöcke eingeschlagen, den Pfarrherrn selbst aber geschimpfet und gelästert hat.

44.) Gegen den Freyherrn von Racknitz stoßte Hiesel die verwegensten Bedrohungen aus, und desselben verordneten Stabsamtmann zu Haunsheim mißhandelte er in dem Dominicaner-Kloster zu Ober-

medlingen mit der größten Ausgelassenheit. Dann er erfrechte sich mit gewehrter Hand und seinem großen Hunde das Klosterconvent zu betreten, den besagten Amtmann mit dem frechesten Stolz zu besprechen, und so lange zu beängstigen, bis sich endlich selber mit Geld entlediget hat.

Eben daselbst hat Hiesel

45.) in dem untern Wirthshause den Bauer Johann Ottlieb von Haunsheim durch seine Kameraden zu Boden werfen, und mit den Hirschfängern gefährlich verwunden lassen, ja, als der Verwundete seine letzten Kräfte zusammengesammelt, um diesen Wüterichen zu entkommen; hat Hiesel den bekannten großen Hund an ihn gehätzet, und mit seinem Schlagring ihm die Augen dermaßen zerschlagen, daß Blut und Wasser herausgeflossen ist.

Auf diese Weise wurde besagter Bauer zum dritmale angepacket; und da er sich endlich in einen Stall flüchten wollte, noch mit einem Schuß verfolget.

46.) Zu Oberelchingen wurde Hiesel mit 11 seiner Kameraden in dem Wirthshause ›Zur Krone‹ von einer Reichsstadt Ulmischen Militärstreife zu Nacht unversehens überfallen, und von einigen eindringenden Soldaten angerufen. Einer von diesen erhielt aber augenblicklich einen Schuß, der ihn todt zur Erde streckte. Noch 4 andere wurden tödtlich blessirt, wovon in weniger Zeit 3 gestorben sind.

Hiedurch bekam er Gelegenheit zu entweichen, und langte folgenden Tag zu Holzschwang an, wo er

47.) mit 10 seiner Leute den daselbstigen Jäger Joh. Stephan Reuter unter Ausübung großer Gewaltthätigkeit und öfterer Todesbedrohung ausgeraubet, und in einen Schaden von 155 fl. 39 Kr. versenket hat. Gleichergestalt wurde von dem Hiesel

48.) die Behausung des Jakob Vonison, Jägers zu Gessertshausen landesfriedbrüchig überfallen, und daselbst an Geld, Silber, Gewehren und anderem Geräthe ein Raub von 316 fl., 42 kr. ausgeübet. Nichtsminder, und

49.) ließ Hiesel den Andreas Schlang, Jäger zu Frankenried, in seinem Hause durch 5 Kameraden überfallen, und berauben, welche demselben vieles Gewehr, Kleider und andere Sachen abgenommen, Fenster, Thüren und Kästen eingesprenget, Schlösser, Uhren, Häfen, und Schüsseln zerschlagen, die Tochter mit Todtschießen bedrohet, und sodann die geraubten Sachen dem Hiesel in das Wirthshaus zugebracht haben, welcher auf Anhalten des Pfarrherrn gleichwohl drey alte ausgemusterte Gewehre mit der Bedingniß zurückgelassen, daß er hiefür die Zech bezahlen solle.

Endlich, und
50.) hat Hiesel im Wirthshaus zu Osterzell seine Lasterbahn vollendet, und seiner auf das äußerste gebrachten Vermessenheit das Siegel aufgedrücket, da er sich nicht nur in die hartnäckigste Gegenwehr gesetzet, sondern auch einen Jäger, und zween Soldaten plötzlich erschossen hat. Ohne einer Menge anderer höchststräflicher Verbrechen zu erwähnen, hat also gegenwärtiger Missethäter, nur in so weit, als man nach dessen hartnäckiger Bekenntniß, und den vorhandenen Kundschaften rechtlich ermessen konnte, zwölf der gewaltsamsten Raubereyen, acht besondern Landesfriedbrüche, und neun Todschläge, folglich in allem 29 der abscheulichsten Lasterthaten wider sich . . .«

Umständliche Beschreibung, was sich bey Gefangennehmung des Matthias Klostermayrs, oder bayrischen Hiesels den 14. Jan. 1771 zugetragen.

Aus der Wildschützenbande war längst eine ganz gewöhnliche, gemeingefährliche Räuberhorde geworden, Wild zu jagen war längst Nebensache.

Die vielen schwäbischen Obrigkeiten werden so unruhig, daß sie sich sogar eigens bei einer Ständeversammlung des Schwäbischen Landes in Augsburg treffen, und sie beschließen endlich, mit einer gemeinsamen Streitmacht gegen den Hiasl und seine Bande vorzugehen. Befehlshaber dieses Kontingents wird der Premierlieutenant Schedel. Sämtliche Polizeibeamten der schwäbischen Herrschaften werden angewiesen, sofort nach Augsburg Meldung zu erstatten, sobald die Räuberbande in ihrem Bereich auftaucht. Am Abend des 11. Januar 1771 erhält Schedel die sichere Kunde, daß sich die Bande in der Nähe von Mindelheim herumtreibt. Am 12. Januar marschiert der Premierlieutenant mit einem starken Grenadierkorps aus. Dazu gesellen sich noch eine Menge Jäger und Gerichtsdiener, mit ihnen eine große Zahl Fanghunde. Das Kontingent wird auf dem weiteren Zug immer größer und größer und ist am Ende fast dreihundert Mann stark. Der erste Tag verläuft ohne Erfolg. Kundschafter melden am Abend, der Klostermaier und seine Schützen seien in die Gegend von Kaufbeuren weitergezogen. Es ist tiefer Winter, der Schnee liegt »fast zwei Schuh« hoch. Alte Spuren sind verweht und zugeschneit, Schneepflüge nur teilweise gefahren, dazu herrscht klirrender Frost.

Man kommt der Wildererbande näher und näher, ein Kundschafter bringt die Nachricht, die Schützen seien den ganzen Tag vorher in Frankenried gewesen und eigentlich müßten sie noch immer dort sein. Also geht der Eilmarsch in eisiger Kälte nach Frankenried. Die Soldaten umstellen nachts um drei Uhr das Wirtshaus, aber der Wirt kann nur schlaftrunken sagen, die ganze Bande sei ausgeflogen und in Richtung Osterzell abgezogen.

Eigentlich will Schedel mit seinen Grenadieren noch in der gleichen Nacht weiter, dem Hiasl nach, aber seine Soldaten sind erschöpft und hungrig, und er entschließt sich, hierzubleiben. Er quartiert seine

Grenadiere ein, in allen Häusern wird gekocht, damit die Soldaten endlich etwas Warmes in ihre Mägen bekommen. Vorher allerdings hat Schedel das Dorf mit Soldaten umstellen lassen, denn es könnte ja einer auf den Gedanken kommen, der Bande nachzulaufen und den Hiasl zu warnen.

Aber nun zur Wildschützenbande. Nachdem sie sich auf Rechnung des hochwürdigen Herrn Pfarrer beim Wirt das Beste vom Besten hat auftragen lassen, ist sie kurz vor Einbruch der Dunkelheit, gegen vier Uhr nachmittags, abgezogen, wie gesagt, in Richtung Osterzell. Dort hat der Hiasl zunächst Wachen ausgestellt. Da noch vor der ersten Dämmerung dichter Nebel eingefallen ist und sich der Räuberhauptmann vollkommen sicher gefühlt hat, sind die Wachen aber wieder eingezogen worden. Als sich nun die Schützen am Kachelofen aufwärmen, befindet sich der Premierlieutenant Schedel bereits auf dem Marsch nach Osterzell. Es kommt zum offenen Kampf und zur Gefangennahme des Malefikanten. Was sich dabei alles zugetragen hat, schreibt einen Tag später der Premierlieutenant Schedel in einem Bericht nieder, in der Relation über *»die den 14. Jänner 1771 zwischen 7. und 11. Uhr Vormittags in dem Wirthshauß zu Osterzell Reichs-Ritterschäftl. und Closter Rottenburgl. Herrschaft Vorgefallenen Recontre, und gänzlicher Aushebung des Verrufenen Bayrischen Hiesels und neun seiner Cameraden . . .«*

Zügig schreibt er seinen Bericht nieder.

»Umständliche Beschreibung, was sich bey Gefangennehmung des Matthias Klostermayrs, oder bayrischen Hiesels den 14. Jan. 1771 zugetragen.

Nachdeme schon Anno 1768. Den 28. Ju. von der Kayserin Königin Majestät ein sehr scharfes Mandat wegen dem Bayerischen Hiesel und seiner schädlichen Bande von Wildprätschützen emanirt, wurde nach mehrmalig fruchtlosen Streifen die in Buchloe unter Commando des Herrn Premier-Lieutenants Schedel gelegene Militair-Mannschaft zu deren ohne ausgesetzten Verfolgung detachiert und ruckte nach eingezogener sichern Kundschaft Montag den 14. Jan. 1771 Morgens um halb 3. Uhr von Buchloe aus in möglichster Stille, und nachdem dasselbe unter Wegs, von ungefehr durch des Wirths Töchterlin von Osterzell, erfahren hatte, daß sich diese Rotte in der untern Stube des Wirthshauses in Osterzell, bei ihrem Vater, mit einem Kartenspiel divertierte, so theilte der Herr Lieutenant seine bey sich habende Leute, 10. Jäger, und 4. Amtknechte in 3 Haufen, welche das Wirths-

hauß, früh Morgens nach 7. Uhr, auf allen Seiten zugleich umgaben; dabey wurde die Vorsicht gebraucht, daß diejenige, welche gegen die Stube anrücken solten, unter den Fenstern hinkriechen mußten, damit sie vor der Zeit von der Hieselischen Bande nicht etwa entdeckt, und die gute Anstalt vereitelt werden möchte; ein Theil aber wurde in das der Kuchel gegen über stehende Söldner Hauß beordet, woselbst sie eine allenfallige Retirade hatten, und die gegen die Gasse gehende Kuchlthüre, wodurch die Wildschützen einen Ausfall hätten thun können, bestreichen konnten. So bald die abgeredte Position genommen ware, des Hiesels Bub etwas von der Streif erblickte, und seiner Kameradschaft davon Nachricht gabe, so sprungen alle zugleich vom Tische auf und liefen aus der Stube in die Kuchel, woselbst sie ihre Büchsen liegen gehabt, setzten sich plötzlich in Positur, und fiengen gleich an auf das Commando zu feuern, wobey zum Glück, einem von diesen Wildschützen, welcher auf den Herrn Lieutenant angeschlagen, das Pulver aufgebrandt. Sie setzten sich aber, nachdem sie zum öftern ermahnet worden, sich zu ergeben, unter einer desperaten Gegenwehr und beständigem Schimpfen in eine so vorteilhafte Stellung, daß sie aus der Kuchel 3. Thüren zugleich bestreichen konnten, ohngeachtet auf sie durch alle Fenster hinein, und durch die Thüren ein entsetzliches Feuer, sowohl von den Grenadiers als Jägern, gemacht wurde, der Hiesel öfnete in etwas die Thür gegen der Stuben, und schosse den schönsten Grenadier Steiner an dem Ofen durch die Brust plötzlich tod, und in angedauerter Demelée wurde auch der Grenadier Kopp schwer blessirt, der sogleich in ein benachbartes Baurenhauß gebracht, bald hernach aber providiret worden, und an seiner Wunde gestorben ist. Die Thüren wurden von den Grenadiers wie eine Scheibe durchschossen, denn sie feuerten unaufhörlich, und fast Plutonweise. Gleich beym Anfang des Lermens schrie der Hiesel aus vollem Hals mit diesen Formalien: Ihr tausend ... ich schicke euere Seelen alle in die Ewigkeit, daß sie in der Hölle herumtanzen müssen, ich wills euch machen wie den Ulmern (stieße anbey die allerabscheulichsten Schimpf- und Schmähworte aus, und fluchte zugleich auf das allergräßlichste, so aber Bescheidenheit wegen nicht angeführet wird). Damit nun die Leute der boshaften Desperation nicht allzusehr ausgesetzt wurden, so verfiel der Herr Lieutenant Schedel auf den klugen Einfall, einen Theil seiner Grenadiers und Jäger die Stiegen hinauf, in die obere Stube zu beordern, so in gröster Geschwindigkeit geschehen mußte, weil diese just diejenige Thüre zu passiren hatten, wo die Wild-

prätschützen am stärksten heraus feuerten, da es dann geschahe, daß der Jäger von Konenberg, Johannes Schmidt, der sich in etwas verweilte, und aus Vorwitz zu dieser Thüre hinein schauete, ebenfalls über den Haufen geschossen wurde. Als ein Theil der Grenadiers unten beständig mit den Wildprätschützen chargirte, wurde oben der Boden, und die gewölbte Decke durchbrochen und aufgehauen und aus dem in der Kammer befindlichen Bett, der Strohsack zerrissen, das Stroh um Pulver-Patronen gewickelt, angezündet, und durch das gemachte Loch hinunter geworfen, zu gleicher Zeit aber unaufhörlich durch dieses Loch hinuntergefeuert, auch mit Hinunterwerfung des angezündeten Strohes continuirt, welches dann nicht nur Feuer, sondern auch einen so starken Rauch verursachet, daß die Schützen ihre Pulverhörner, und andere Zugehör in dem Dunst nicht mehr finden konnten, und sich veranlasset sahen, um so mehr in das an die Kuchel stoßende Speißgewölb zu retiriren, weil einem von ihnen, der durch das Loch hinauf gegen die Grenadier angeschlagen, durch einen Schuß die ganze untere Kienlade biß an den Hals weggerissen worden, und ein anderer von ihnen unter der Warze der linken Brust hineingeschossen worden, daß er liegen bleiben mußte, bis er nach geendigter Attaque und Versehung mit den H. H. Sacramenten endlich auch gestorben; der mit der weggeschossenen Kienlade lag just unter dem Loch, und mußte mithin alle Schüsse und herunter geworfenes Feuer von Stroh und Pulver aushalten, so daß ihme die Kleider am Leibe verbrandt, und seine Haut wie eines besängten Schweines ausgesehen; und weil das Feuer gefährlicher zu werden begunnte, so wurde solches durch das Loch von oben herab, mit dem auf der Kühle stehenden weißen Sud Bier gelöschet, der Rauch und Dampf aber dadurch vergrößert, so daß diese Confusion sie endlich nöthigte, sich zu verkriechen. Als nun der Hiesel den Anblick seiner 2. todgeschossenen und zum Theil stark verwundeten Kammeraden wahrgenommen, er selbst aber durch zwey Schuß in die Beine und einen Streif-Schuß an der rechten Seite des Backens blessirt ware, und merkte daß einer in den Back-Ofen, der andere darunter, der Bub mit sammt dem geladenen Gewehr in das Ofenloch sich verkrochen, und der Sattler in den Kamin, wo das gerauchte Fleisch gehangen, gestiegen, und also von der meister Kammeradschaft verlassen ware, so wagte es auch der sich vorhero zu seiner Sicherheit in den Backofen verschloffene Wirth, hervor zu kriechen, und unter dem Loch um Gottes Barmherzigkeit willen zu bitten, daß sie doch ihn verschonen möchten, weil er ganz unschuldig seye; worauf ihn dann

2

1

Seite 77:

Der Bayrische Hiasl unter strenger Bewachung.
Radierung von Johann Adam Stockmann († 1783 Augsburg).
Nichtkoloriertes Original im Deutschen Jagdmuseum, München.

Seite 78/79:

Hinrichtung des Bayrischen Hiasls 1771 in Dillingen.
Radierung von Johann Martin Will.
Im Besitz des Germanischen Nationalmuseums, Nürnberg.

»Acorate Vorstellung der Execuzion des Matthias Klostermeyer, oder sogenannten beyrischen Hiesel, von Kißingen aus Beyern gebirtig, seines Alters im 30. Jahr; den 6. Septembr. 1771. außer der hochfürstl. augsburgischen Residenzstadt Dillingen. (1) Ausschleiffung zu dem Richtplatz auf einer Schleife in einer nassen Kühaut eingebunden. (2) Wie er Radgebrecht wird und der Körper in vier Theil gehauen, den Kopf auf den Galgen gesteckt, mit der Unterschrift der beyerische Hiesel, wie auch ein Viertel von dem Leib neben zu gehengt. Das zweyte auf Lammendingen, das dritte Schwabminchingen, und das vierte auf das Lechfeld zu hangen gekommen. Zuvor aber zwey von seinen Kameraden durch das Schwerd hingerichtet, und auf das Rad gelegt worden: als Johann Adam Locherer oder sogenannte Blaue 25 Jahr alt, von Rhain aus Beyern gebürtig, ledigen Stands. Der zweyte Johann Georg Brandmayr, oder sogenannte Rothe, 20 Jahr alt von Steindorf in Baiern gebirtig ledigen Standes, nach bemelter Hinrichtung beyde Körper gleich unter das Schaffot gelegt worden, und solche der baierische Hiesel nicht mehr ansichtig worden.«

die Grenadier, die ihn erkannten, durch das Loch hinauf zogen. Endlich schrie der Hiesel: Jesus, Maria und Joseph! Kan ich dann keine Pardon erhalten; als man solches oben gehört, befahl der Herr Lieutenant, daß alles stille seyn und mit Schießen aufhören solte, da er dann auf wiederholtes Bitten des Hiesels, hinunter antwortete: wann er durch die Stube-Thüre ohne Gewehr und Hirschfänger herausgehen wolte, so verspreche er ihm bey seiner Officiers-Parole, daß ihm jetzt nichts am Leben, und von niemand ein Leid geschehen solte, welches er auch versprach, doch aber nicht zuerst, sondern vorhero ein anderer seiner Kammeraden heraus kam, der sogleich gebunden in den Schnee hinaus geworfen wurde. Nach diesem kam der Hiesel selbst unter die Thüre, welche von den Grenadiers mit gespannten Hahnen und vorgehaltenen Bajonets umgeben ware; er bat den Herrn Lieutenant nochmals, mit aufgehobenen Händen um sein Leben, und fiel ihm um den Hals, worauf er auch gebunden zu seinen Kameraden in den Schnee geworfen wurde, und anzeigen mußte, wie stark sie wären, und wohin sie sich verkrochen; so auch getreulich getan . . .«

Als der Hiesel aus seinem Schlupfwinkel herauskommt, unwürdig um sein Leben winselt, am Ende gar noch dem Premierlieutenant Schedel um den Hals fällt, da hat der mit seinen Grenadieren alle Mühe und Not, daß sie den Malefikanten in ihrer aufgestauten Wut nicht erschlagen. Das jedenfalls berichtet der Zeitgenosse und erste Biograph des Bayrischen Hiasl, und er erzählt seinerseits weiter:

». . . Der Rest seiner überwundenen Völker wurde also ebenfalls ein jeder aus seinem Schlupfwinkel hervorgeholet, wie allemal, gebunden, und in den Schnee zu den Uebrigen hinausgeworfen. Womit sich dann endlich diese ziemlich blutige Tragödie endigte, nachdem sie vier ganzer Stunden, von sieben bis elf Uhr nämlich, an einem fort gewähret hatte . . .«

Daß der Autor dieser Biographie zuverlässig und gewissenhaft berichtet, beweist dann unter anderem folgender Absatz: *»Die Beute, welche bey diesem erlegten corpo gefunden wurde, bestund in drey Kugelbüchsen, zehen Flinten, einem mit Silber beschlagenen Hirschfänger, drey andern dergleichen geringern, nebst noch einigem Pulver und Bley. Die Kriegskasse der ganzen Armee, welche Hiesel in Verwahrung hatte, bestund in vier und zwanzig Gulden, und vier und vierzig Kreutzern: denn bey den übrigen allen ward kein Geld gefunden.«* Diese Zusammenstellung zeigt, daß der Biograph den Bericht Schedels gekannt haben muß.

Auf seiten des Premierlieutenants Schedel sind der Jäger von Kronenberg und die beiden Grenadiers Steiner und Kopp gefallen. Von den zehn Wildschützen sind zwei gefallen; sieben, darunter der Hiasl, sind verwundet. Der Bub ist der einzige aus der Wildschützenbande, der nicht verwundet ist.

»... *die Verwundeten wurden sogleich nach hergestellter Ruhe durch einen Feldscheerer verbunden, und die Gefangenen unter Bedeckung der ganzen Mannschaft, acht Jägerknechten und vier Untervögten, nach Buchloe in das Zuchthaus unterdessen gebracht: wo sodenn der Hiesel, der Bube und der Sattler nebst noch drey andern ihrer Cameraden jeder besonders in Blockhäusern, zween schwerer Verwundete aber, bey andern Gefangenen, nachdem man sie bis auf die bloße Haut vorher ausgezogen, und ihnen die blaue Zuchthaus Montur, Hieseln allein ausgenommen, welchem man seine Kleider ließ, umgethan, bis auf weitere Verfügung verwahret.*

Von da wurden sie nach erhaltenem Befehl in weiterer Begleitung des ganzen Commando nacher Dillingen überbracht, und unterwegs, wo sie durch Dörfer oder bey Städten vorbey kamen, von einer ungemeinen Menge Menschen, die ihnen überall entgegen gelaufen, geritten und gefahren, gesehen und beschenket ...«

Peinliches Halsgericht und greuliche Todesstraffe...

Nun, da kann man sich gut vorstellen, wie die Neugierigen zusammenlaufen, um diese schon fast sagenhafte Gestalt zu sehen. Der alte Bericht, der von den Geschenken erzählt, die man den Gefangenen bringt, ist natürlich Wasser auf die Mühlen des wohlgesonnenen Biographen, denn sie »beweisen« ihm, daß die Beliebtheit des Räuberhauptmanns in nichts gelitten hat. Er weiß zu erzählen, daß die Bauern aus »unbegrenzter Zuneigung« gekommen seien, ihr Beileid zu bekunden, dem Hiasl und den anderen Wildschützen Geld zu schenken, und das nicht zuwenig. Und mit einigem Mißvergnügen schreibt er, der Premierlieutenant sei »vorzugsweise« gerade von seiten des Adels für seinen Sieg mit ansehnlichen Belohnungen bedacht und zu einem wohlhabenden Mann gemacht worden.

In Dillingen kommen die Schützen alle hinter Schloß und Riegel, sorgsam werden sie verwahrt, vor allem natürlich der Klostermaier Matthäus, dem man eigens Fesseln anlegt. Es geht ihm sonst nichts ab, denn Leckerbissen werden ihm laufend geschickt. Hier im Gefängnis wird er zu einem regelrechten Schauobjekt, und der Chronist verzeichnet nicht ohne leichten Spott, es seien gerade Personen »aus gebildeten Ständen«, die die Erlaubnis erhalten, diesen berüchtigten Räuberhauptmann zu bestaunen. Es wäre sicher falsch, anzunehmen, dieses unstillbare Verlangen hätten andere Stände, zum Beispiel die Bauern, nicht. Nur bleibt solchen »Bauernlackeln« halt von vornherein der Weg dorthin versperrt.

Nun, als es endlich zum Prozeß kommt, sind ihm die meisten seiner Taten, seiner Verbrechen nicht schwer nachzuweisen. Meistens sind sie eh am hellichten Tag geschehen, und zudem können in den meisten Fällen genügend Zeugen aussagen. Alles wird von Anfang an aufgerollt, all die Untaten, von denen ja in diesem Buch ausgiebig die Rede war. Man versucht zu klären, wohin die Schützen ihr Wildbret verkauft haben. Sicher, viele mögen es den Wildschützen recht gern abgenommen haben, anderen, die ein wenig gezögert haben, mag er, nicht gerade zimperlich, das Gewehr auf die Brust gesetzt und sie einfach gezwungen haben. Und so mancher Bauer, dem der Hiasl das Wildbret zum Fenster hineingeworfen hat, hat das später bitter bezahlen müssen, bei dem hat er sich seine Taler schon geholt. Viel herausgekommen ist bei diesen Nachforschungen wohl nicht.

Bei allen Verhören bekennt er sich zu seinen Taten, er verteidigt sie sogar, denn schließlich sei das Wild frei, es gehöre niemand und jedem, es sei sein gutes Recht gewesen, etwas zu schießen, was ihm so gut gehöre wie jedem andern. Im übrigen ist er ruhig, sagt nicht allzuviel, wird nur redselig, wenn ihn die Richter auf seinen Mut ansprechen, auf seine Tapferkeit, auf sein »Feldherrntalent«.

Der Prozeß ist einigermaßen langwierig, streckenweise wohl auch langweilig, bis all die vielen, vielen Zeugen vernommen sind. Eines Tages nun sind die wachhabenden Soldaten einen Augenblick unaufmerksam, und schon reißen ihnen fünf der Gefangenen aus, unter ihnen der Bub und der berüchtigte Sattler. Von der Bande sind also noch ganze drei in sicherem Gewahrsam. Sie werden jetzt um so gewissenhafter bewacht.

Am 3. September 1771 ist es dann soweit, der Hiasl und seine beiden Kameraden werden zum letztenmal in den Gerichtssaal geführt, um stehend die Urteilsbegründung und das Urteil anzuhören.
Mit sonorer Stimme verliest es der Richter:

»Der vor dem peinlichen Halsgericht hier öffentlich vorgestellte Missethäter, Mathias Klostermayer oder sogenannte baierische Hiesel von Kissing aus dem Landgericht Friedberg in Baiern gebürtig, etlich und dreissig jährigem Alters, ledigen Standes, katholischer Religion, ist jener bekannte Erzbösewicht, der sich durch seine so viele als ungeheure Laster zum Scheusal des ganzen Landes gemacht hat.

Schon seine erste Jugend zeugte von einer verderbten Neigung zur Wilddieberey, und eine dreivierteljährige Zuchthaus-Strafe, mit welcher er im Jahre 1765 zu München gebüsset worden, war nicht erkleckend, seine boshafte Leidenschaften zu unterdrücken, vielmehr faßten dieselbe immer stärkere Wurzeln, und besonders seit dem Jahre 1767 war sein ganzer Lebenslauf ein Gemisch von Frevel, Gräul und Unmenschlichkeit.

Um desto frecher rasen zu können, versammelte er eine Rotte verruchter Bösewichte, welche nicht so fast Gesellen, als Knechte seiner Kühnheit waren. Diese bewaffnete er, und gab ihnen den Unterricht, wie sie sich den Streifen widersetzen, wie sie rauben und morden sol-

len; sie stunden unter seinem Gehorsam, und mußten ihn als ihren Herrn förchten und verehren. Mit diesem noch nicht zufrieden, schaffete er sich auch einen ungeheuren Hund an die Seite, der seinen strafbarsten Muthwillen recht pünktlich zu unterstützen wußte . . .«

Das Volk habe er mit allerlei *»Blendwerk zu gewinnen gesucht. Er stellte den Bauersleuten vor, daß er ihre Gründe von den Beschädigungen des Wildes bewahre, er erweckte bey ihnen Verwunderung durch Zeigung seiner Geschicklichkeit im Schießen, er prahlte sich mit seiner Vestigkeit, und wies ihnen Kugeln vor, die er mit den Händen aufgefangen habe . . .«* Dann werden ihm in langer Litanei alle seine Vergehen vorgehalten, Jahr für Jahr, 1766, 1767, 1768, 1769, 1770 bis hin nach Osterzell, wo er *»im Wirtshaus . . . seine Lasterbahn vollendet«*.

Fünfzig Schandtaten, Punkt für Punkt aufgezählt und erläutert, Fälle von *»zügelloser Bosheit«*, *»traurigste Merkmale seiner Wuth und Rachgier«*, *»abscheulichste Räubereyen und Mordthaten«*.

»Ohne einer Menge anderer höchst sträflicher Verbrechen zu erwähnen, hat also gegenwärtiger Missethäter, nur in so weit, als man nach dessen hartnäckiger Bekenntniß, und den vorhandenen Kundschaften rechtlich ermessen konnte, zwölf der gewaltsamsten Raubereyen, acht besondere Landesfriedbrüche, und neun Todschläge, folglich in allem 29 der abscheulichsten Lasterthaten wider sich, welche die Hochfürstliche Augsburgische weltliche Regierung bewogen haben, folgendes peinliche Endurtheil wider denselben zu fällen:

Urtheil

In peinlichen Verhörssachen entgegen, und wider den Mathias Klostermayr sogenannten baierischen Hiesel von Kissing des Landgerichts Friedberg in Baiern gebürtig, wird auf desselben gerichtlich und gütliche Bekenntniße, und hierüber eingekommenen eidliche Erfahrungen nach gepflogenem genauen Rechtsbedacht, und der Sachen reiferwogenen Umständen vor der Hochfürstl. augspurgischen weltlichen Regierung alhier mit Urtheil zu Recht erkannt, daß dieser Erzbösewicht wegen seiner vielfältigen Wilddiebereyen, offentlichen Gewaltthaten, Landesfriedbrüchen, Raubereyen, und fürsetzlichen Todschlägen, den göttlichen, natürlichen und menschlichen Gesetzen, auf die vermessenste und ärgerlichste Weise zu widergehandelt, und dahero das Leben verwirket habe; weßwegen derselbe zu seiner wohlverdienten Strafe, anderen aber zum abscheuenden Beyspiel dem Scharfrichter zu Handen und Banden übergeben, zur Richtstatt geschleift, daselbst mit dem Rad, durch Zerstossung seiner Glieder von oben herab, vom Leben zum Tode gerichtet, alsdann der Kopf von dem Körper abgesondert, dieser aber in vier Stücke zerhauen, und auf den Landstrassen aufgehangen, der Kopf hingegen auf den Galgen gesteckt werden solle.

Von Rechtswegen
also geurtheilt und vollzogen
in der Hochfürstl. Residenzstadt Dillingen
den 6. Herbstmonat 1771

Wie gesagt, dieses Urteil wird dem Hiasl am 3. September 1771 verkündet. Eine große Überraschung bedeutet es für ihn sicher nicht. Das Urteil, und hier sind sich alle Chronisten und Biographen einig, nimmt er gelassen und ruhig, fast möchte man sagen, gleichgültig, auf. Und wie damals üblich, dankt er, ganz im Armesünderstil der Zeit, seinen Richtern für dieses Urteil. *»Dem Menschen«* – so habe er gesagt – *»ist gesetzt, einmal zu sterben, und auch von denen, die mich verurteilt haben wird in fünfzig Jahren gewiß auch keiner mehr am Leben sein.«* Der Volksmund erzählt allerdings, der Hiasl habe das bedeutend respektloser gesagt, nämlich: »In fufzg Jahr seid's ös aa hi!«

Als die Hinrichtung auf den 6. September 1771 festgelegt und verkündet ist, geht diese Nachricht wie ein Lauffeuer durch das Land. Auch nach Kissing kommt die Kunde von dem bevorstehenden Ende des Hiasl. Vierzehn Kissinger machen sich auf den Weg nach Dillingen. Unter ihnen ist Klostermaiers Schwester Regina, die ihren Bruder noch einmal sehen, noch einmal sprechen will. In der Nacht vom 4. auf den 5. September brechen sie auf. Nicht alle kommen bis nach Dillingen. Die Regina wird vom Schmerz über das Schicksal ihres Bruders überwältigt, sie wird krank und muß in einem Bauernhof drei Stunden vor der Stadt zurückbleiben.

Der Lehrer Nöggler von Kissing lernt noch Kissinger kennen, die dabei waren. *»... Unsere Kissinger durften übrigens Hiesel auch sehen und sprechen; sie fanden ihn ganz gefaßt und ergeben in sein Schicksal und er schien über den erhaltenen Besuch sichtlich erfreut zu sein. Allein als man ihm des Vaters letzten Gruß meldete und zugleich mittheilte, was sich mit Regina zugetragen, traten große Thränen in seine Augen ... Nachdem er noch seine Freunde beauftragt hatte, ihm Vater* *und Geschwister, so wie alle hiesigen Bewohner herzlich zu grüßen und sie zu ersuchen, daß sie für seine arme Seele beten möchten, gaben die anwesenden Priester den Besuchenden durch Zeichen zu verstehen, daß sie abtreten sollten, welcher Weisung sie auch sogleich folgten . . .«*

Bereits am Vorabend ist die Stadt mit Fremden überfüllt, Quartiere sind nicht mehr zu bekommen, selbst in Privathäusern ist kaum mehr Platz zu finden. Schon bei Tagesanbruch sind die Gassen voll von Menschen. Die einen drängen dem Rathaus zu, denn hier wird der Stab über den Delinquenten gebrochen werden, die meisten aber laufen über die Donaubrücke hinaus zur Richtstätte, und alle sind um einen guten Platz besorgt, von dem aus sie alles gut sehen können.

Am 6. September 1771, kurz nach acht Uhr früh, tritt Hiasl seinen letzten Gang an. Zunächst wird er von seiner Zelle aus zum Rathaus gebracht. Hier stehen die Neugierigen Kopf an Kopf, als das Urteil laut und vernehmlich vorgelesen wird. Zunächst ist er gefaßt, dann allerdings, als er die für ihn vorgesehene Schleife sieht, verläßt ihn doch etwas der Mut. Die Verlesung des Urteils dauert eine lange Zeit, sämtliche fünfzig Anklagepunkte werden genannt, oft sogar recht ausführlich. Dann wird öffentlich der Stab über ihn gebrochen.

Nun wird er auf die niedere Schleife gelegt, in eine frische Kuhhaut so eingewickelt, daß man nur mehr seinen Kopf und die um ein Kruzifix gefalteten Hände sieht. Dann setzt sich der Zug unter starker militärischer Bedeckung in Marsch.

». . . In diesem traurigen Pompe gieng der Zug vor die Stadt hinaus, und auf die daselbst errichtet bretterne Gerichtsbühne, unter dem beständigen Zuspruche seiner geistlichen Begleiter zu.«

Wenn man alten Radierungen glauben kann, dann sind vier Geistliche mit ihm gegangen, wohl Ordensgeistliche, und sie haben sicher laut mit ihm und für ihn gebetet, den Versuch gemacht, ihn zu trösten.

Nachdem die Holzschleife vor dem Hinrichtungsgerüst vorgefahren ist, wird der Malefikant Matthäus Klostermaier aus der Kuhhaut ausgewickelt und in das sogenannte Armesünderstübchen geführt. Hier beichtet er. Man reicht ihm noch ein Glas Wein. *». . . Er erhub sich sodenn, gieng allein, und ganz tapfer die hölzerne Treppe auf das Gerüste hinauf. Allein bey Erblickung seiner Zergliederungsmaschine, fieng seine Heldenmüthigkeit wieder an zu wanken. Er erstarrte ganz hierüber, und blieb mit gesenktem Haupte eine ziemliche Zeit davor unbeweglich stehen. Endlich als sich ihm der Henker nahete, und ihn angrif, schien es fast, als ob er sich nicht im guten zu diesem Spiele* *bequemen würde, bis ihm zuletzt der Nachrichter zurief, und ihm fortzumachen befahl, weil es Zeit wäre. Da ihn denn zugleich die Henkersknechte ergriffen, und ihn mit Gewalt auf die Radbrechmaschine hinsetzten. So fort ward ihm der Strick um den Hals gelegt, und durch ein Loch des Bodens unter die Bühne, um ihn also zu erwürgen, geleitet; andere aber befestigten ihm die Stricke um die Hände und Füssen. Sodenn wurde überall zugleich angezogen. Nachdem er erdrosselt worden, gieng sogleich das Zerschmettern der Arme und Beine mit dem Rad fast zugleich vor sich, wie aus unserer Vorstellung* (Abb. S. 78/79) *zu ersehen.*

Als ihm alle Gebeine gebrochen waren, ward der Cörper unter die Bühne, welche unten her mit Brettern verschlagen war, gebracht, wo ihm der Kopf abgehauen, und der übrigen Rumpf in vier Stücke zertheilet wurde. Der Kopf wurde auf den Dillingischen Galgen aufgesteckt, das Eingewaide aber unter denselben begraben, und nicht weit davon das obere rechte Viertel an einen Schnellgalgen aufgehängt. Das linke obere Viertel befindet sich zu Schwabmünchingen, das rechte untere zu Oberndorf, und das nämliche Linke bey Füßen.«

Am gleichen Tag, am frühen Morgen des 6. September, längst ehe der Hiasl zur Richtstatt geschleift wird, werden zwei seiner Genossen durch das Schwert gerichtet, nämlich Johann Adam Locherer, 25 Jahre alt, in Rain am Lech geboren, in der Bande immer »der Blaue« geheißen, und Johann Georg Brandmaier, 20 Jahre alt, aus Steindorf, zwei Wegstunden von Kissing daheim.

Zu der Stunde, als der Hiasl vom Leben zum Tod befördert wird, wankt ein Mädchen schluchzend und weinend auf die Stadt Dillingen zu. Es ist Regina Klostermaier. Noch einmal möchte sie ihren Bruder sehen. Aber sie kommt nur noch in die Stadt, um zu erfahren, daß die Exekution eben vollzogen, daß ihr Bruder hingerichtet ist. Sie fällt in Ohnmacht; Neugierige, die von der Richtstätte zurückkommen, sehen sie.

»... so drängten sich die Landleute haufenweise herbei, um sie sehen und beschenken zu können. Diese rührende Aufmerksamkeit machte auf Regina einen wohlthuenden Eindruck, und namentlich richtete sie der Trost eines Priesters, der sie versicherte, daß er fest glaube, der Hingerichtete sei bereits im Himmel, so mächtig auf, daß sie den Muth faßte, die Reste ihres Bruders an der schauerlichen Stätte zu besuchen. Dort kniete sie vor den beiden Galgen hin und betete unter häufigen Thränen für die arme Seele des Geliebten. Allein, da

sie auch hier ohnmächtig wurde, so führten sie zwei Bewohner von hier, die sie begleitet hatten, wieder in die Stadt zurück, von wo aus sie andern Tages der Heimat zuwandelten. – Die Geschenke, welche Regina erhielt, scheinen übrigens ziemlich reichlich geflossen zu sein, da dieselbe über Verzehrtes noch 54 Gulden und einige Kreuzer nach Hause brachte . . .«

Die Moral von der Geschicht'

Der Biograph des Jahres 1772 hat die Moral von der Geschicht' so gesehen:

»So war das Ende des berüchtigten Hiesels beschaffen, ein Ende, welches er sich seinem guten Verstande nach nicht anderst vorstellen können, und dessen Vorstellung ihm beständig vor den Augen geschwebet, und ihn, sonderlich bey dem Anwachse so vieler Nachstellungen, die gegen die Letzte auf ihn gemacht worden, in beständigen Aengsten und Bangigkeiten gehalten haben muß. Daher man sich billig verwundern sollte, wie er in Osterzell mitten in der Hitze des Gefechtes um Fristung eines so nichtswürdigen Lebens, wie das seinige war, und zwar zuerst vor allen anderen flehen können. Woraus denn sattsam zu erkennen stehet, daß er bey allen seinen Vermessenheiten von wahrem Muthe sehr wenig, von Tapferkeit aber nichts besessen; sondern alles auf das Geratewohl gewaget, und durch den glücklichen Erfolg einer Uebelthat zu der andern kühne gemacht worden. Wie denn seine Gesichtszüge zwar etwas listiges und feines wiesen, im übrigen aber völlig niederträchtig waren.

Endlich sehet man bey Hiesels Leben und Ende die unergründliche und unabänderliche Wege des Verhängnisses bekräftiget, und die Wahrheit des gemeinen Sprüchwortes, »daß, wer an den Galgen gehöre, nicht ersauffen könne«, bestätiget. Denn da er, sonderlich in den letzten Jahren seines Lebens, beständig vor seinen Feinden entweder auf einer Flucht voller Gefährlichkeiten, oder mit ihnen im Handgemenge, wo kein Theil den andern schonte, begriffen war; so konnte ihn doch der Tod nicht finden, oder eine so glückliche Kugel treffen, welche ihn einem schmählichen und erschrecklichen Tode entzogen hätte. Er mußte vielmehr, als seine unglückseelige Stunde kam, selber bitten, um ihn so lange zu erhalten, bis er eine greuliche Todesstraffe ausstehen, und zum öffentlichen Scheusale werden konnte.«

Ein zeitgenössisches Gedicht aus den Jahren 1771/72 beschreibt das Ende des Bayrischen Hiasls in schonungslos-eindringlichen Versen:

»Grabschrift des geviertheilten Bayrischen Hiesels

Eilt, Wanderer, nicht vorbey, bis ihr euch auf den Straßen
Den dürren Ueberrest von Hieseln zeigen lassen!
Sein moderndes Gebein deckt weder Grab noch Grufft:
Denn sein Begräbniß ist im Element der Luft.
Unstät und hier und dort muß er, als wie im Leben,
In dieser hin und her auch nach dem Tode schweben:
So daß er nicht einmal, wie jeder andere Mann,
Bey der Vermoderung zum mindsten ruhen kann.
Er war der Wälder Furcht, der Jäger steter Schrecken.
Er jagte oft, und floh durch eben diese Hecken,
Schlief meistens sorgenvoll, wenn andere gewacht,
Und wachte, wenn die Welt geruhig schlief bey Nacht.
Ein Hirsch, ein schnelles Reh, ein Schwein war seine Beute;
Doch die nicht eben nur, auch manchmal andre Leute.
Denn so gewissenhaft und bloß auf's Wild erpicht,
Daß er was besseres verschmähte, war er nicht.
Er schoß und traf sehr gut, auf was er immer zielte,
Dieß wars, was jedermann, vor ihm in Furcht erhielte.
Deswegen war er fest und wies die Kugeln ab,
Die man ihm oftmals auch zu versuchen gab.
Allein, wie fest er war, hat man in vierzehn Wunden,
die man nach seinem Tod an ihm entdeckt, gefunden.
Der Trotz, den er besaß, und klüglich angewandt,
Bezauberte allein die Leute auf dem Land.
Niemand kam ihm sehr nah (denn er ließ sich nicht äffen)
Deswegen war er nun vornehmlich schwer zu treffen,
Und traf ihn einer noch, der auch nicht übel schoß,
So war der Schuß zu schwach und schadete nicht groß.
Kam es zum Handgemeng mit kriegerischen Schaaren,
Die so gar grimmig nicht auf Blut und Morden waren,
So jagte er sie weg. Und stunden einge gut,
So schlug er sich durch sie mit seiner frechen Brut.
Sein Hund, ein schrecklich Thier, mit seinem breiten Rachen,
Den manche nur nicht gar zum Elephanten machen,
Riß fürchterlich herum in der erschrocknen Schaar,
Zerfleischte einige, und andre fraß er gar.
Wer hätte da, wenn er dieß Elend angesehen,

Wenn er nicht stehn gemußt, mit Willen wollen stehen,
Ein jeder scheute so eines Wütrichs Hand,
Und sparete sein Blut vors liebe Vaterland.
Allein, der Fürst befahl, den Fortgang dieser Sachen
Einmal zu endigen und Hiesels Schluß zu machen.
Der wackre Schedel ward zu diesem Werke erkießt.
Das mächtige Losungswort dabey hieß: Fort! Ihr müßt!
Der Hiesel ward also in Osterzell berücket,
Wie es sich in der That vor einen Schlingel schicket:
Er hob die Wachten auf, so bald die Nacht vorbey,
Als obs vor ihn am Tag vollkommen sicher sey.
Da wehrte er sich zwar, als er zurück gewichen,
Mit seiner Bande noch aus der verschloßnen Küchen.
Allein, was half ihm dieß? Da er einmal im Haus
Und in der Enge war, war alles vor ihn aus.
Er endigte also sein langes Widerstreben,
Kroch jämmerlich herzu, und flehte um sein Leben,
Und bot dem Strick die Hand, die so berüchtigt war,
Und so viel Thaten that, zum Binden zitternd dar.
Sein übriges Gefolg, das eben dieß erlitten,
Warf man sodenn nebst ihm auf einen Kälberschlitten.
Im langsamen Triumph, bis alles hier und dort
Zum Sehn zusammenlief, zog man mit ihnen fort.
Nunmehr giengs allgemach mit Hieseln auf die Neige,
Der Jägertrotzer ward kleinmüthig, still und feige.
Er beichtete nunmehr, und tanzte, wie man pfif:
Denn er begrif ganz leicht, daß es nun anderst lief.
Des Kerkers Traurigkeit benahm ihm Mut und Galle.
Er saß wie eine Maus, nachdenklich in der Falle.
Und gieng, doch nein, er fuhr; doch nein, er fuhr auch nicht,
(Man schleifte ihn vielmehr hinaus) zu dem Gericht.
Wie es ihm da ergieng, hat er sehr wohl empfunden
Allein, er hat nunmehr sein Urtheil überwunden.
Rückt es ihm nicht mehr auf, und spiegelt euch dafür
An seinen in der Luft erschwarzten Gliedern hier!
Denkt, wenn man euch etwa von Schweinen, Rehen, Hirschen,
Ein solches Viertheil bringt, das Wildprätschützen pürschen,
Daß es vom Hiesel sey; so weicht der Appetit,
Und statt des Unterschleifs, jagt ihr sie fort damit!

Dieses Gedicht mag auf uns heute grausam und schockierend wirken, obwohl unsere Zeit um nichts menschlicher, eher noch grausamer geworden ist. Brutalität und Grausamkeit haben sich nur verlagert, sie sind nur anders geworden. Im 18. Jahrhundert hat man den Tod nicht verschwiegen, man hat mit ihm gelebt; die Darstellung des Todes war damals, auch im künstlerischen Leben, gang und gäbe. Mit einem Totenschädel hat man damals niemand schrecken können, dazu hat es schon härterer Darstellungen bedurft. So ist dieses zeitgenössische Gedicht vor allem ein Zeitdokument.

Bayrische-Hiasl-Lieder

Wir wollen der Geschichte des Bayrischen Hiasls noch eine Reihe von Liedern anfügen, die ihn als »Helden« besingen; wobei man allerdings sagen muß, daß das Wort »Held« im bajuwarischen Sprachraum nicht gebraucht wird.

Die Achtung, die Verehrung, die er sich im Volk erwirbt, die Ehrfurcht, die man ihm entgegenbringt, hat ihren Grund vielleicht in der »Schneid«, die man ihm nachsagt. Aber mit dem Wort »Schneid« ist noch längst nicht alles ausgedrückt, was bei uns jemanden zum Volkshelden machen könnte. Dazu gehören noch einige andere Eigenschaften, wobei es zweitrangig ist, ob der Besungene sie wirklich besessen hat oder nicht – nachsagen muß man sie ihm: das Nichtachten von aufgezwungenen Gesetzen, die man als ungerecht und bedrückend empfindet, zum Beispiel die körperliche Kraft, die Gewandtheit, die Abhärtung, die bis zur Grausamkeit ausartende Wut gegen Verräter, gegen unterwürfige, geschäftige Handlanger der verhaßten Obrigkeit, gegen alle, die das Maul recht voll nehmen.

Dazu kommt natürlich die unausrottbare Jagdleidenschaft, verbunden mit der festen und laut verkündeten Überzeugung, daß das Jagdrecht allen zustehe und nicht nur wenigen Privilegierten. Und was wären all diese Eigenschaften, wenn dann nicht noch das Recht auf freie Liebschaft das ganze Renommee aufrunden würde, wenn ihm nicht noch der Ruf vorausginge, er beherrsche die stärksten Tiere durch hypnotische Kräfte, blutgierige Hunde ebenso wie mächtige Stiere, die fromm wie die Lämmer würden. Daß der Hiasl kugelfest ist, daß er Kugeln mit der Hand auffangen kann, ist dem Volk nach all dem schon fast eine Selbstverständlichkeit. Selbst das alles wäre vielleicht noch nicht genug, aber der starre Gerechtigkeitssinn, den man ihm nachsagte, die Hilfsbereitschaft den armen Bauern, den Weibern und Kindern gegenüber, denen er so manchen Hirschbraten zukommen läßt, schaffen das verehrungswürdige Bild, das sich das Volk von ihm macht und das seinen Niederschlag in den Liedern findet, die es von ihm singt.

All die eben geschilderten Eigenschaften gelten in jener Zeit auch bei einem Friedrich Schiller viel, vielleicht weil er als Kadett der hohen Karlsschule unter dem starren, schier unmenschlichen herzoglichen Reglement steht und weil für ihn gerade deshalb ein freies Leben, gar ein gerechtes Räuberleben, besondere Anziehungskraft besitzt. Im allgemeinen aber fühlt man sich von all den geschilderten Eigenschaften nur im bajuwarischen Raum angesprochen. Ein Beweis mag die Tatsache sein, daß die Lieder um den Bayrischen Hiasl auf das bajuwarische Stammesgebiet beschränkt sind. In städtisch-bürgerlichen Kreisen Deutschlands machen zwar die Volksbücher die Runde, stillt man mit kleinen Romanheften, die es zum Teil schon in Fortsetzungsfolgen gibt, seinen Sensationshunger, begeistert man sich an der Schauerromantik, aber Lieder über den Bayrischen Hiasl singt man nur in Altbayern, im deutsch-böhmischen Raum, in Tirol, im Salzburgischen, in der Gegend um Wien, in Ober- und Niederösterreich und der Steiermark.

Diese Lieder werden im allgemeinen wohl durch fahrende Schauspieler verbreitet, die von Dorf zu Dorf ziehen und das Bayrische-Hiasl-Spiel aufführen, auch durch Puppenpsieler, durch bettelnde Sänger. Vielleicht macht so manches Hiaslied seinen Weg auch über das Militär, denn dort kommen Bauernburschen aus den entlegensten Gegenden zusammen. Nach Wien aber werden die Hiaslieder mit einiger Sicherheit durch die bayerischen Flößer und Schiffsleut' gebracht.

Je nach der Gegend werden diese Lieder verändert, werden sie der eigenen Art angepaßt. Läßt das eine Lied die Handlung dort spielen, wo sie historisch wenigstens annähernd richtig ist, »im Augsburger Wald«, oder »im Augsburger Gschloß«, so wird bereits im nächsten Lied »der Seefelder Graf« daraus, der Graf Toerring-Seefeld, der mit dem Bayrischen Hiasl gar nichts zu tun gehabt hat. Im Salzburgischen aber, im Tirolischen oder Steirischen, singt man vom »Radstatter Gschloß« oder von der »Radstatter Alm«, der »Hinteregger Schwoag« oder dem »Goassinger Graben«. Das Volk verlegt den Schauplatz gern in eine Umgebung, in der es daheim ist, die es sich vorstellen kann.

Nicht nur Ortsnamen wechseln. Im bayrisch-österreichischen Alpengebiet wandelt sich auch die historische Gestalt des Bayrischen Hiasls selbst, sie wird zu einem ganz gewöhnlichen Wildschützen, zum Tiroler Franzl, und aus der Res' wird eine Schwoagerin, eine Sennerin. Es ist eigenartig, daß in keinem Lied die Monika genannt wird, sondern ausschließlich die Res'.

Vielen Liedern gemeinsam ist, daß von der Liebe zur Res' die Rede ist, allen gemeinsam ist das Hohelied des »Jaagerns«, des Wilderns. Wie oft wird die Feder und der Gamsbart am Hut besungen. Und die Feder, die Spielhahnfeder auf dem Hut, hat überall als Zeichen der Schneid gegolten; gar noch nach vorn auf den Hut gesteckt, war sie überall eine Herausforderung getreu der altbayrisch-bajuwarischen Rede: »Willst was? Geh her, balst was willst! Geh her, balst a Schneid hast!« Und solche Reden führt vor allem der Wildschütz dem »feigen Jägerknecht« gegenüber. Den Kampf gegen die Jäger empfindet man in den Gegenden, in denen man die Hiaslieder singt, als legitim und gerecht, denn das Jagen ist frei, und im Kampf mit »de Jaaga« nimmt es der Hiasl gut und gern mit sechs auf einmal auf.

»Wiar i auffi bin kem'
Schiaß'n s' alli auf mi,
Wias alli ham gschossn
Aft schiaß halt erst i.
Sechs hab i daschossn
Sechsi san davogrennt,
Ei, ös, meine Jaga,
Habts mi aa net recht kennt.«

So einen Mann muß man schon bewundern – bewundert man auch, sonst würde man ihn ja nicht besingen. Und schließlich beneidet man auch sein freies Leben, das sich so sehr vom Durchschnittsdasein der Bauern und Bürgersleut' unterscheidet. Von Gegend zu Gegend zieht der Hiasl, überall ist er daheim – und Hirschen schießt er, wann er nur Lust hat:

»Die Haut die vakauf' i
Des Fleisch freß ma selm
Des Geld des vasauf' ma
Aft kinna mir scho lebn.«

Die hier zusammengetragenen Lieder über den Bayrischen Hiasl stammen nicht nur aus verschiedenen Gegenden, sondern auch aus verschiedenen Liedsammlungen. Dementsprechend stimmen auch die jeweiligen Dialektfassungen nicht immer überein. Da aber die schriftliche Wiedergabe des gesprochenen Dialekts ohnehin immer problematisch ist, wurde auf eine Vereinheitlichung verzichtet und die Liedtexte alle in der bestehenden Form übernommen.

»I bin da Boarisch Hiasl . . .«

aufgezeichnet in Miesbach, Oberbayern. *Sammlung Kiem Pauli*

2. Koa Jaga is imstand, koa Jaga hat a Schneid,
Der mir halt mein Gamsbart vom Huat abakeit;
Der mir halt mein Gamsbart vom Huat abakeit.

3. Es seids oft nach mir ganga, es habts mi oft gnua gsehgn,
Habts oft auf mi gschossn, seids ma ganga aufs Lebn;
Habts oft auf mi gschossn, seids ma ganga aufs Lebn.

4. Wenns Bixerl frisch tuat knalln, des Ding tuat ma gfalln,
Mir san enkre Kugeln all in Sack einigfalln;
Mir san enkre Kugeln all in Sack einigfalln.

5. Des werd ma aa no taugn, wanns es außi gehts an Wald,
Da wer is zamma schiaßn, daß alles tuscht und knallt;
Da wer is zamma schiaßn, daß alles tuscht und knallt.

6. De Gamserl von dem Hochgebirg, de Vögerl von dem Bam,
Oft wern sie si halt denka: Bal da Hiasl bald wegkam;
Oft wern sie si halt denka: Bal da Hiasl bald wegkam.

7. Ös alle meine Jaga, oans will i enk no sagn:
Ös könnts schiaßn wias wollts, und es kinnts ma net schadn.
Ös könnts schiaßn wias wollts, und es kinnts ma net hadn.

8. Des Pulver und des Blei, des gib i enk dafür,
Koa Jaga is imstand, der ma auflöst mei Gfrier;
Koa Jaga is imstand, der ma auflöst mei Gfrier.

9. Da Hund und da Bua, de lacha halt dazua,
Sie denka si halt grad: Schiaßts no schö brav zua;
Sie denka si halt grad: Schiaßts no schö brav zua.

10. Wia ärga als sie's schnalzn hörn, so bessa tuat sie's gfrein,
I bin da Boarisch Hiasl, koa Kugl geht ma ein;
I bin da Boarisch Hiasl, koa Kugl geht ma ein.

11. Im Augsburger Wald drinn, da hab is mei Gäu,
Dort schiaß i alle Wochn a Hirscherl a drei;
Dort schiaß i alle Wochn a Hirscherl a drei.

12. De Haut de vakauf ma, des Fleisch freß ma selm,
Des Geld des vasauf ma, da kinnan mia scho lebn;
Des Geld des vasauf ma, da kinnan mia scho lebn.

13. Der alte Schergn Veitl, der narrische Tropf,
Der hat ins varotn im Augsburger Gschloß;
Der hat ins varotn im Augsburger Gschloß.

14. Jetzt gengas auf mi stroafa a ganz Regiment
Und wenns mi dawischn, so wer i zammbrennt;
Und wenns mi dawischn, so wer i zammbrennt.

15. Wia öfter als is schiaßn hör, wia ärga tuat ma garbn,
Sie solltn ihre Kugln all in ihra Brust drinn habn.
Sie solltn ihre Kugln all in ihra Brust drinn habn.

16. A Jaga od'r a Hund, des gilt mir alles gleich,
Ob i an Jaga zammaschiaß, od'r an Hund ins Wasser schmeiß;
Ob i an Jaga zammaschiaß, od'r an Hund ins Wasser schmeiß.

17. I bin da Boarisch Hiasl, da erga is mei Hund,
Mir lafa halt den ganzn Tag im Wald umadum;
Mir lafa halt den ganzn Tag im Wald umadum!

»Geh i aufi auf d'Rastatt . . .«

aufgezeichnet in Miesbach, Oberbayern. *Sammlung Kiem Pauli*

2. »Und grüaß di God, Resl, bin aa scho mehr da.
Geh tua mi heut Nacht ghaltn und schlag mas net a.«

3. »I taat di scho ghaltn, wenn i dir waar net z'schlecht,
Du bist a hübscha Wildschütz, a gratiga Knecht.

4. Geh aufi aufs Hütterl und deck di warm zua,
Laß dir die Zeit net lang wern, bis i d'Milli seicha tua.«

5. »De Küahlan san gmolcha, die Milli is gsiegn,
Geh her, mei liabs Reserl, bei dir is guat liagn.«

6. De Resl wollt aufsteh, wollt Krapfn bacha,
Zwölf Jaga stehnt draußn, sollt glei aufmacha.

7. »I mach enk net auf, i bin ganz alloan,
Enka san zwölf Jaga, es mechts ma was toa.«

8. »Den Wildschütz hast ghaltn, mit oana rotn Hos',
Er muaß mit uns geh ins Augsburger Gschloß.«

9. De Jaga warn hitzi, sö spannan glei die Bix,
Derweils Zundkraut aufgschütt' ham, kracht die mei scho wia nix.

10. Sechs hab i daschossn, sechs san davogrennt,
Es, meine liabn Jaga, habts mi no net kennt.

11. I nimm halt mei Bixerl und geh üba d'Alm,
Da begegnan ma de sechs, san auf d'Knia niedagfalln.

12. Sö bittn, sö bittn, sö bittn um Pardon,
I sollt eahn's Lebn schenka, und heut no verschon.

13. I tat sie glei fragn, ob is Wildbrat derf jagn,
»Ja, ja«, hams glei gsagt, so viel daß i mag.

14. Und so schiaß ma, so schiaß ma, sei's Tag oda Nacht,
Derweil uns 's Lebn freut auf dera schön Jagd.

»Ei du mei liabe Thresl . . .«

aufgezeichnet in Miesbach, Oberbayern. *Sammlung Kiem Pauli*

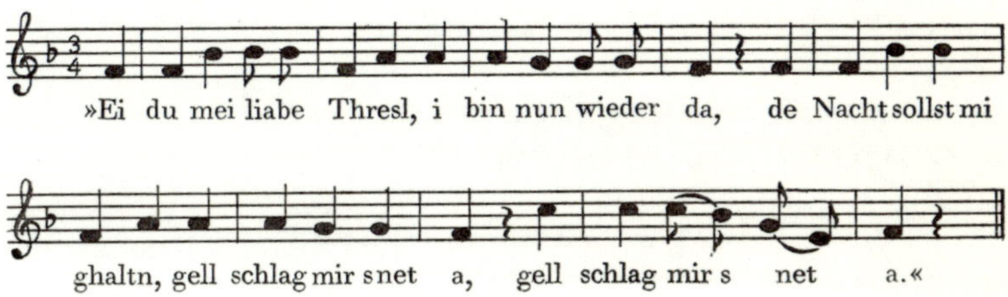

2. »Ei Boarischer Mathiasl, ziag aus deinen Rock,
Sitz di a Weil nieda, bis i dir was koch.«

3. »Ei du mei liabe Thresl, es hungert mi gar net,
I bin gar weit ganga, drum bin i so müad.«

4. »Warum bist du ganga, warum bist also müad?«
»Drei Hirsch hab i gschossn, die hab i bei mir.«

5. »Ei soll dich net hungern, ei dürstet dich nicht?«
»Mein Hund halt die Wache, das Best' ihm zuricht.«

6. »Ei Boarischer Mathiasl, ziag aus deine Schuah,
Leg di a Weil nieda und deck di warm zua.«

7. »Ei du mei liabe Thresl, alloa kann's net sei«
Wenn ich im Bette liege, muaßt aa bei mir sein.«

8. »Wenn die Kuah is gmoika, die Milli is gseiht,
Da will i scho kemma, da is scho no Zeit.«

9. Sie schlafn zusammen die zeitlange Nacht,
Bis daß manch schöns Hirschlein am Fenster rumgrast.

10. »Ei Thresl, sollst aufsteh', bring Krapfa heraus,
Zwölf Jaga san draußn, gschwind mach uns auf.«

11. »Ei meine liabn Jaga, euch laß ich nicht ein,
Ich tu mich stets fürcht'n, i bin ganz allein.«

12. »Ei du mei liabe Thresl, du führst uns nur blind,
Dei Boarischer Mathiasl ist auch bei dir drinn.«

13. »Ei Boarischer Mathiasl, du kunstreicher Kund',
Zwölf Jaga san draußn und drei große Hund.«

14. »Ei du mei liabe Thresl, laß du sie mir herein,
Ich tu mich nicht fürchten, wenns noch so viel sein.«

15. »Ei Boarischer Mathiasl, ziag an deinen Rock,
Du mußt heut mit uns gehn in Graftilands Gschloß.«*

16. »Und eh ich mit euch geh, mein Leben setz ich dran,
Hab noch fuchzig Guldn, die geb ich euch dann.«

17. »Ja, deine fuchzig Guldn, die san uns schon recht,
Die wollen wir schon kriegen, die san uns nicht z'schlecht.«

18. »Ei meine liabn Jaga, um eines ich nur frag:
Ob ich mir im Heimgehn a Gamserl dajag?«

* Graftilands Gschloß = Augsburger Gschloß

19. »Ei meine liabn Jaga, nun geht es zum Schluß,
Gehn wir nicht zusammen, so gibts kein Vadruß.«

20. »Sechs Jaga san draußn, sechs Jaga san drinn,
Sechs hab i daschossn, sechs laufa dahin.«

21. Der Hund tät sie fangen, sie fallen auf die Knie,
Die Thresl tut bitten, die tun dir's wohl nie.

22. »Ei Bayrischer Mathiasl, das Leben uns schenk,
Wir tragen deine Hirsche so weit du's gedenkst.«

23. Trotz Jäger auf Almen, merkt, grün ist mein Hut,
Drauf Schildhahnenfedern und Gamsbart mit Blut.

»Bin i da Boarisch Hiasl . . .«

aufgezeichnet in Bayrischzell, Oberbayern. *Sammlung Kiem Pauli*

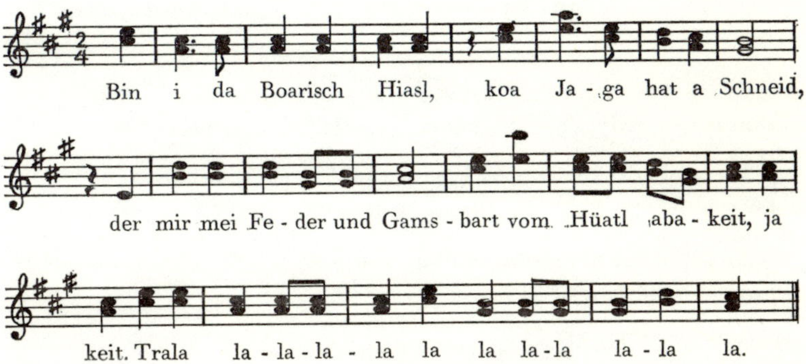

2. Und der sell Scheringfeichtl mit sein grausama Kopf,
Der hat mi halt scho oft verratn beim Seefelder Graf,
ja Graf. Trala . . .

3. Aufn Berg da kraxl i aufi wia da Vogl aufn Bam,
Den Jaga möcht i kenna, der mir nachikaam,
ja kaam. Trala . . .

4. Im Tegernseer Wald begegnet mir ein Tier,
Ein wunderschönes Tier, Gott beschere es mir,
ja mir. Trala . . .

5. Der Jaga mit sein Stecka, der Hund mit sein Strick,
In Troatn lieg i drinna, aba kriagn teats ös mi net,
ja net. Trala . . .

»A Liadl zu singa, a Liadl aufs neu . . .«

aufgezeichnet in Miesbach, Oberbayern. *Sammlung Kiem Pauli*

2. »Guatn Abend Jungfa Thresl, bin aa wieda amal do,
Du muaßt mi halt a Nacht b'haltn, gell schlag mas net o.«

3. »Was soll i dir kocha, was waar denn dir recht?
O Oarschmalz wer i kocha, wanns dir is net z'schlecht.«

4. »Du sollst mir nix kocha, es hungat mi net,
Bin gar so weit ganga, drum bin i so müad.«

5. »O du mei liaba Hiasl, ziag aus deine Schuah,
Geh aufi as Bett und deck di warm zua.«

6. »O du mei liabe Thresl, des bild dir net ei,
Alloa ko i net schlafa, muaßt aa bei mir sei.«

7. »Die Küah san gmolcha, die Milli is ausgsiegn,
Da is mei liabs Reserl zon Hiasl neigstiegn.

8. Sie liegen beisammen die ganz lange Nacht,
De Sunn is aufganga, da Hirsch hat scho grast.

Melodiewechsel:

10. »I tua net aufmacha, bin oanzig alloa,
I taat mi sonst fürchtn, es mechts ma was toa.«

11. »Ei du liabe Resl, mach du uns net blind,
Mir hams scho erfahrn, da Hiasl is drinn.«

12. »O zuckasüaßa Hiasl, o zuckasüaßa Mund,
Zwölf Jaga stehnt draußn und drei große Hund.«

13. »O du mei liabe Resl, laß du sie nur rein,
I tua mi net fürchtn, wenns no so viel sein.«

14. »O du mei liaba Hiasl, ziag o deine Hos,
Du muaßt heut mit uns geh ins Radstatter Schloß.«

15. »Eh is mit enk geh, eh wag is mei Lebn,
I hätt no vierzg Gulden, die tät i enk gebn.«

16. »O dein vierzg Gulden, de waarn scho recht,
Die taatn wir scho kriagn, wenns no so viel tragt.«

17. Sie nehmant ihre Hund und hetzns auf mi,
Und bis sie halt ham gschossn, so schiaß halt i.

18. Sechs hab i halt daschossn, sechs san davogrennt,
Gell ihr meine liabn Jaga, habts mi aa no net kennt!

19. Jetzt muaß i von mein liabn Reserl frisch Urlaub nehma,
Sunst mecht mir die Herrschaft aufn Hintern kemma.

Wieder die erste Melodie:

20. Da nimm i mei Bix, geh aufi auf d'Alm,
Da san meine sechs Jaga auf d'Knia niedagfalln.

21. No meine liabn Jaga, no geht es zum Schluß,
Wenn mir wieda amal zammkemma, so habts koan Vadruß.

Es wollen zwölf Jaga . . .

Aufgezeichnet in Ruhpolding, Oberbayern. *Sammlung Kiem Pauli*

2. »I derf net aufmacha, i derf net auftuan,
Is neamad herinna als i grad alloan.«
»Du derfst scho aufmacha, du derfst scho auftoa,
Hast an Holzhackafranzl drinna, du bist net alloa.«

3. »Geh Franzl, tua auf und ziag o dein grean Rock,
Du muaßt jetzt mit uns geh ins Hochbacha Schloß.«
»Dafür das i mit enk geh, dafür gib i mei Lebn,
A zwanzg, a dreißg Guldn dö tat i enk scho gebn.«

Ein Liadalein zu singen . . .

In Tirol aufgezeichnet

2. Bin is der Baarische Hiasl,
Sötz auf mein grüanen Huat,
Darauf stöck is mein Föderlein,
Den Gamatzbart dazua.

3. Bin is der Baarische Hiasl,
Der arger ist mein Hund,
Mir laufen fast den ganzen Tag
Im Walde umadum.

4. Die Kugeln fallen alle herab,
Ja wia das Laub von Bäum';
Weil is der Baarische Hiasl bin,
Geaht miars kaa Kugl nöt ein.

5. In die Augsburger Wälder
Da habm mar's unser Gai,
Hirschler tuen mar's schiaßn
Fast alle Tog a drei.

6. Die Häute tuen mir's verkaufen,
Das Fleisch, das öss' ma selbst,
Kaan Hunger tien mires leidn,
Zum Kaufn hobm miar Geld.

»Ein Liedlein zu singen geht niemand was an . . .«

Lied aus der Obersteiermark
Melodie wie »Ein Liadalein zu singen . . .«

1. Ein Liedlein zu singen
geht niemand was an;
I bin da Boarisch Hiasl,
Dös kennt's mir ja schon an.

2. Im Augsburger Waldl
Dort homa unser Gäu,
Dort schiaß ma unsere Hirscherl
Alli Tag a zwoa, a drei.

3. Die Häuter miaßn kafen.
Das Fleisch, das essen ma selbst
I bin da Boarisch Hiasl.
Zan Saufn habn mas Geld.

4. Der alti Veitl gfollt ma
Mir sein eisgrauen Kopf,
Hot mi eh schon verraten
Im Augsburger Gschloß.

5. Seind oft stroafen gangen,
A ganzes Regiment.
Und wanns mi hätten gfangen,
So hättens mi zsammbrennt.

6. Sie spannen bald ihre Stutzerln
Und gehn mir aufs Lebn;
Sie schiaßn ma nur ins Gwand hinein,
Hans Kügerl hinta gebn.

7. Da Hiasl geht weita
Wohl aufi auf die Alm
. . .
. . .

8. O Schwoagarin steh auf,
Laß mi eini zu dir.
Und da Hiasl is draußen,
Mach auf glei dei Tür.

9. O Hiaserl, o Hiaserl,
Ziag aus dein grean Rock.
Und laß da d'Zeit net lang sein,
Daß ihs Küahla gmolchen hab.

10. Die Küahla sein schon gmolchen,
Di Milch is schon gsihn.
Aft is die schöni Schwoagerin
Zum Hiasel einigstiegn.

11. Si schlafen wohl beisammen
Di ganze lange Nacht.
Die Vögerln habn gsungen
Und die Hirscherln habn grast.

»I bins der Boarisch Hiasl . . .«

Lied aus dem Weststeirischen und dem Stubalpengebiet,
Mittelsteiermark
Melodie wie »Ein Liadalein zu singen . . .«

1. I bins der Boarisch Hiasl,
Setz auf mein greanen Huat,
[: Die gamsbartnen Federn
Die stengen gar so guat. :]

2. Im Augsburger Wald
Ja da habn mir unser Gäu,
[: Da schiaß ma unsre Hirschelein
Fast alle Tag zwoa, drei. :]

3. O Sennerin, o Sennerin,
I hätt halt a Bitt,
[: Geh laß mi nur die heutig Nacht,
Mir zwickts a weng um d'Mitt. :]

4. O Hiasl, o Hiasl,
So bleib glei na da
[: Und laß da d'Zeit net z'lang werdn
Bis i Kuahla gmolchn hab. :]

5. Die Kuahla sein schon gmolchn,
Die Milch, dö is schon gsiagn.
[: Hiaz is der Boarisch Hiasl
Za der Sennrin eini gstiegn. :]

6. So schlafn sie banander
Die ganze, lange Nacht.
[: Die Vöglein habn gsungen,
Die Hirschelein habn grast. :]

7. O Sennrin, o Sennrin,
Mach auf deine Tür,
[: Der Wildschütz muaß drin sein,
Da hilft gar nix dafür. :]

8. O Hiasl, o Hiasl,
Ziag an dein grean Rock.
[: Du muaßt ja heut mit uns mitgehn
Ins Augsburger Gschloß. :]

9. Bevor is heut mit euch mitgeh,
Da wehr i mei Lebn,
[: Und das letzte Tröpferl Bluat
Will i a dafür gebn. :]

10. Sie spannen ihre Stutzerln
Und schiaßn auf mi.
[: Und wanns all Sechse gschossn habn
Nacha schiaß halt erst i. :]

11. Drei han i derschossn,
Drei sind mir davon grennt,
[: Und meine liabn sechs Jager,
Habs in Hiasl a net kennt. :]

12. Und he! Meine liabn sechs Jager
Da habs euren Lohn!
[: Hiaz fangst mit koan Wildschützn
A nix mehr an! :]

»I bi der Boarisch Hiasl . . .«

Aufgezeichnet in Gössl am Grundlsee, steirisches Salzkammergut
Melodie wie: »Ein Liadalein zu singen . . .«

1. I bi da Boarisch Hiasl, sitz auf mein grean Huat,
[:Da Gamsbarscht, die Fedan, die stehnt ma ga so guat. :]

2. O Sendrin, o Sendrin, um was i di heint bitt:
[: Geh ghalt mi da die heintig Nacht, mi schneidts so um d'Mitt! :]

3. O Hiasl, o Hiasl, laß dir die Zeit nit wirn
[: Und bis die Kuahlan gmolcha sand und is die Mülli gsing. :]

4. Die Kuahlan sand gmolcha, die Mülli is scho gsing,
[: Hiazt is da guati Hiasl so da Sendrin eini gsting. :]

5. Die Sendrin soll aufstehn, soll Khrapfa bacha,
[: Sechs Jaga stengant draustn: Solts Tirl aufmacha. :]

6. O Hiasl, o Hiasl, leg an dein grean Hrock!
[: Du muaßt ja heint mid ins gehn ins Augsburiga Gschloß. :]

7. Eh wann i mit enk geh, liawa wag i mei Lem,
[: Das letzti Drüpfli Bluat wüll is a dafür gebn. :]

8. Hiazt han is drui daschossn, drui sand davon ghrennt,
[: O meini liam sechs Jagan, habts in Hiasl no nit kennt. :]

9. Hiazt, meini liam sechs Jagan, da habts enkan Lohn,
[: Und fangts mid koan Wüldschitzn neama nix an. :]

10. Im Augsburiga Waldl, da hammar inser Gai,
[: Da schiaßn ma insre Hirschlan zsamm, fast alli Tag zwoa, drei. :]

11. I bin da Boarisch Hiasl und failn tuat ma nix,
[: Solang i Blei und Pulfa han, mei Blei und Kuglbix. :]

Hiasllieder nach derselben Melodie und mit dem nur geringfügig abgeänderten Text von »Geh i aufi auf d'Rastatt. . .« wurden auch in Weichselboden und in Gusswerk bei Mariazell in der Steiermark aufgezeichnet.

»Da san ma halt gsess'n . . .«

Aufgezeichnet in Bruck an der Mur, Steiermark
Melodie unbekannt

1. Da san ma halt gsessn untern Holzapfelbam.
Wia wern denn unsre Maderlen schön schlafn daham.
Hops dilatare, hops dilatare, hops schritti-rit duljo,
Hops schritt duljo, hops schreit duljo, wohl außi über d'Schneid.

2. O Hiaserl, o Hiaserl setz auf dei greanen Huat,
Und gehma z'der Resl, döi kan Jager scheuchn tuat.
Hops usw.

3. O Reserl, o Reserl, an anzige Bitt:
Geh ghalt mi do die heutge Nacht, es zwickt mi a weng um d'Mitt.
Hops usw.

»Da sitz ma beinand unterm Holzapfelbaum . . .«

Aufgezeichnet in Neuwaldegg bei Wien
Melodie unbekannt

1. Da sitz ma beinand unterm Holzapfelbaum,
Wern denn unsre Menscher wohl schlafa daham?

2. O laß ma s' nur schlafar, es is no net spat,
Wart ma, bis da Tag anbricht, liaba Schlafkamerad.

3. O Hiaserl, setz auf dein grean Huat
Und gehn ma zu da Reserl, dö kan Jager scheucha tuat.

4. O Reserl, um was i di bitt:
Um an oanzigi Red: obst mi magst oder ned?

»O Hiaserl, o Hiaserl . . .«

Lied aus Gratkorn bei Graz, Steiermark

Dieses Lied wurde von einer Bäuerin aus dem Schöckelgebiet um 1840 dem Erzherzog Johann vorgesungen

2. Wo gehn mas denn hin
In grüanen Wald,
[: Da sein ja a sechs Jager
Auf die Knia niedergfalln. :]

3. Sö habn mi gebeten,
Un Gnad und Pardon.
[: Sollt ern 's Lebn schenkn,
Das Lebn verschon. :]

4. Drei hab is derschossn,
Drei san davongrennt.
[: Aber dös, meine liabn Jager,
Habts in Hiaserl net derkennt. :]

5. Han mei Lebtag ni ghört,
Daß a Wildschütz hätt greart,
[: Di Gamserln tan pfeifn,
Die Hirscherln tan rearn. :]

6. O Hiaserl, o Hiaserl,
Wo kehr mas denn zua?
[: Ba der Hinteregger Schwoagerin,
Dö die Kuahla melchn tuat. :]

7. Die Kuahla san schon gmolchn,
Die Milch, dö is schon gsiegn,
[: Geh her, mei liabe Schwoagerin,
Bei dir is 's guat liegn. :]

Af da Radstatter Alm . . .

Aufgezeichnet in der Steiermark

2. Ban Tirola Franzl,
Da werds es bald hörn,
Ba da Holzhamma Resl,
Da wir is einkehrn.

3. Hiaz, ei du, mei Resl,
Bin a oamal da;
Bitt' di goar schean, tua mi ghaltn,
Geh schlag mas net a.

4. Ei du bist's, mei Franzl,
Ziach aus dein grean Rock,
Leg di eini ins Bett,
Bis is Nachtmahl koch.

5. Was sol i da kochn,
Was war dir denn recht?
An Rahmschmarn wil i kocha
Wan a dir guat schmeckt.

6. Du därfst ma nix kocha,
Es hungert mi nix;
Bin so vil weit herganga,
Vom Tragn bin i müad'.

7. Di Küala san gmolchn,
Di Milch is aufgsign;
Hiaz is d' schöni Resl
Ins Bett einie gstiegn.

8. Sö schlafn bananda,
Di ganzi langi Nacht;
Bis d'Sun aufa geht
Und's Hirscherl hat grast.

9. Di Resl wollt aufstehn,
Und Krapfn bacha;
Zwölf Jaga san draußn,
Sol i Tür aufmacha.

10. I kan net aufmacha,
Dös kan ja net sein,
I tat mi z' vil fürchtn,
Bin muataseln alloan.

11. Ei du schöni Resl,
Geh, mach uns net blind;
Da Tirola Franzl
Der ligt ba dir drin.

12. Ei du scheana Franzl,
Du herznsschöns Kind,
Zwölf Jaga san draußn,
Habn drei großi Hünd.

13. Ei du mei Resl,
Geh' laß sie herein,
Du därfst di net fürchtn,
Wan no so vil sein.

14. Ei du mei Franzl,
Leg' an dein grean Rock,
Du muast mit uns gehn,
Ins Radstattar Gschloß.

15. Eh' i mit enk geh',
Eh' wag is mei Lebn,
Vierzig Gulden, dö hab i,
Dö wil i enk gebn.

16. Di vierzig Gulden;
Dö wärn uns schon recht,
Mir wern ja wohl kriagn,
Wann du no so vil häst.

17. Wiar i auffi bin kem,
Schiaßns alli auf mi,
Wias alli ham gschossn,
Aft schiaß halt erst i.

18. Sechs hab' i daschossn,
Sechsi san davongrennt,
Ei, dös, meini Jaga,
Habts mi aa net recht kent.

19. Hiaz, o du mei Resl,
Muaß mar Urlaub nem;
Sist möchtn uns d'Schloßherrn
In d'Hüttn nachkem.

»Griass di God, main liabi Resl . . .«

Lied aus der Gebirgskette, die sich um Wien im Halbkreis lagert.

2. »Ai du, main liaba Franzl,
Wear ma sölba machn af;
Und laß da de Zaid nid lang sain
Wal i uns 's Nachtmahl koch.«

3. »Was soll i uns denn kochn,
Was war da denn recht?
A Schmalzkoch tat i kochn,
Wann's da war halt nid z'schlecht.«

4. »Ai du, main liaba Franzl,
Ziach aus daini Schua,
Und laß da de Zaid nid lang sain,
Dawal i d'Kia mölchn tua.«

5. D'Kia, de san gmolchn,
D'Mülli is gsign;
Da is hald d'scheni Resl
Ins Bett aini gschtiegn.

6. »Ai du, mai liaba Franzl,
Leg die aini zu miar,
I laich da main Duchad,
Daß di zuadekst damid.«

7. Und se han bainanda gschlafn
De laid langi Nacht,
Da Guga had gschrian,
Und 's Hiarscherl had grast.

8. Und d' Resl schteht af,
Und wüll Krapfn bachn.
»Zwölf Jaga schtehn draußt
Soll i iahnr afmachn?«

9. »Wüllst du nid afmachn
Ziach aus nur dainn Rock,
'n Wüldschizn Franzl
Hast ghabt de ganze Nacht.«

10. »Ai du main liaba Franzl,
Wia wiard's uns denn gehn?
Zwölf Jaga schtehn draußtn,
Han seks Hund bai se!«

11. »Ai, du, main liabi Resl,
Ai fiarcht di nuar nid,
I tat mi nid fiarchtn,
Warns no a so vül.«

12. Aft ladns iahri Biksna
Und schiaßn af mi;
Wiar alli han geschossn,
Aft schiaß ammal i!

13. Seks hab i daschoßn,
Seks san davongrennt:
Golds ja, maini liabn Jaga,
Habts mi ah nid recht kennt?

14. Aft laßns iahri Hund aus
Und hezns af mi,
Aft hab i's alli bundn,
Hab s' hinglegt voar sie.

15. Aft nimm i main Flintl,
Geh affi af d'Alm,
Da san de seks Jaga
Af d'Knia nieda gfalln.

16. Se hann mi glai bedn
Um Gnad und Bardon,
Solls desmal vaschona,
Se hann ma niks tan.

17. »Ai, maini liabn Jaga,
Um oans muaß i enk fragn:
Ob i ma hald haint no
Kloani Gamserln dearf jagn?«

18. »Ai du, main liaba Franzl,
Ai frag nuar goar nid,
Jag du kloani Gamserln,
So vül als d'nuar wüllst.«

19. »Und ehs, maini liabn Jaga,
Hiazt gehts zum b'Schluß:
Wan ma wieda zsammkemma,
Habts nuar koann Vadruß!«

»An einem Sonntagmorgen . . .«

Lied, das in der Steiermark und in Tirol
sehr verbreitet gewesen sein muß.

1. An einem Sonntagmorgen in alla Fruah,
Nimmt da Wüldschitz sei Stutzal,
Geht in Gamsbirig zua.
Er woaß ja die Gengd so schen,
Wo die schen Gamslan stehn
Drinn in Tirol.

2. A Gams hat a gschoßn hoch drom auf da Wand,
Er tats dlei auswoadna,
Hats Messer i da Hand.
Da Jaga hat eahm lang zuagschaut,
Hat si nit zuawitraut
Bis daß a schlaft.

3. Und wiar a hat gschlafn, hat er eahm erscht traut
Er nahm dlei sein Steckha
Und hat fest zuaghaut.
Da Wüldschitz springt auf van Schlaf,
Stiachz üwan Fölsn ab
In ein Gesträuch.

4. In Jaga druckts Gwissn um an Wüldschitz sei jungs Bluat,
Er mechts halt gern wissn,
Wia's in Wüldschitz intn tuat.
»O Jaga, liabs Jagerlein,
Bindt mir die Wundtn ein
Und gstüll ma's Bluat.«

5. Die Wundtn is vabundtn und gstüllt is das Bluat:
»Da muaßt hiatz mit mir gehn
Aufs Augsburiga Guat!«
»Bevor i mit dir wüll gehn,
Wag is mei Leib und Lebn
Und mei jungs Bluat.«

6. Aft sammas halt ganga durin Goassinga Grabn
Da Wüldschitz hint nachi
Und da Jaga vuran,
In Wüldschitz d'Goll üwageang,
In Jagan die Bix wegnahm,
Schlagt ehams brav zsam.

»I bin d'Boarisch Hiasl . . .«

Aufgezeichnet in der Gegend um Glöcklberg
bei Oberplan im Böhmerwald

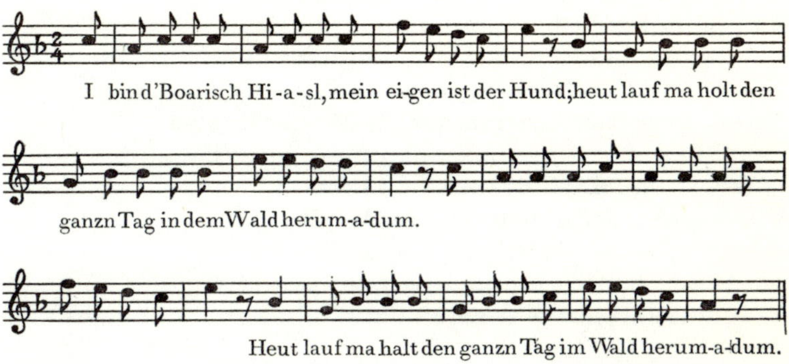

2. Kein Jaga ist im Stand, kein Jaga hat die Schneid,
Der mir mei Federl und Gamsbart vom Hüaterl obakeit.

3. Hant öfta af mi gaunga, hant öfta af mi grennt,
Hant öfta af mi gschossn, doch'n Hiasl haums nit kennt.

4. Je besser als sie schiaßn, je besser tuat's ma gfolln,
Und daß ma eanri Kügalein in Tasch'n eini solln.

5. Im Augsburga Wald, do haum ma unsa Gai,
Do schiaß ma unsri Hirschelein, sost olli Tag a drei.

6. Die Häute wir verkaufn, dös Fleisch, dos ess' ma sölm,
Koan Hunger toan ma leidn, zum Saufn haum mas Geld.

7. I bin d' Boarisch Hiasl, setz af den grünen Huat
Und geh za dera Resl, dei koan Jaga scheichn tuat.

8. Ei du mei liaba Hiasl ziag an wohl deinen Rock,
Du muaßt hiatzt mit uns gehen ins Augsburger Gschloß.

9. Bevor i mit enk geh, do lossat i mei Lebn
Und 's letzte Tröpferl Bluat tät i a no hergebn.

10. Wia ma außi san kemma, schiaßn alli sechs af mi;
Wias olli sechs gschossn haum, oft schiaß holt erst i.

11. Drei hob i' derschossn, drei sant davongrennt:
Gelts meini Jaga, hobts mi a no nit kennt.

»Ein Liedlein zum singen . . .«

Fassung aus Österreich, Melodie unbekannt

1. Ein Liedlein zum singen, geht kein andern nix an,
Als die Jager und Wildschützn, daß man's von einand kenna kann.

2. I bin der Bairisch Hirsel, bin von Augsburg geborn,
I bin die ganze Zeit draußt im Wald herumzogn.

3. I bin der Bairisch Hirsel, gar a lustiger Bua,
Steck i a paar Federl aufi auf an grün' Hut.

4. Koan Jager ist im Stand, koan Jager hat a Schneid,
Der mir halt mein Gamsbart von Hut abareißt.

5. Ös seids oft nach mir ganga, ös habts mi oft gsehn,
Habts oft auf mi gschossen, seids mir ganga aufs Lebn.

6. Wanns Büchserl frisch tut knalln, das Ding tut mir gfalln,
Mir sand engere Kugerl all in Sack einigfalln.

7. Dös wird mir a no taugn, wanns ös außi gehts in Wald,
Da wir i's zsamma schießen, das alles blitzt und knallt.

8. Die Gamsla von dem Hochgebirg, die Vögerl von dem Bam,
Oft wern sie sö halt denka, wann der Hirsel bald wegkam.

9. Ös alle meine Jager, eins will i eng no sagn,
Ös könnts schießen wirs wollts und ös mögts mir nöt schadn.

10. Das Pulver und das Blei, das gib i eng dafür,
Koan Jager ist im Stand, der mir auflöst mei Gfrier.

11. Der Hund und der Bua, dö lachen grad dazur,
Sö denken sö halt grad, schießt nur brav zur.

12. Wie ärger als es schnalzen hörn, wie besser tuat sös gfreun.
I bin der Bairische Hirsel, geht ka Kugel nöt ein.

13. In Augsburger Wald drin und dort hab i mei Gei,
Dort schieß i all Wochen a Hirscherl a zwei.

14. Die Haut, die verkauf i, des Fleisch fress' ma selm,
Das Geld, das versaufn ma, aft kinna mir schon lebn.

15. Der alte Schörgen Veitl mit sein narrischen Kopf,
Er hat mi verraten im Augsburger Schloß.

16. Jetzt gengans auf mi strafa, a ganz Regiment
Und wanns mi erwischen, aft wir i z'sammbrennt.